Jakob Lorber

Jakob Lorber

ein Lebensbild nach langjährigem persönlichem Umgang,

dargestellt von

Karl Gottfried Ritter von Leitner

6. Auflage

LORBER VERLAG, BIETIGHEIM/WÜRTT.

Verlagsdruckerei Otto W. Zluhan, Bietigheim

ISBN 3-87495-043-3

Die vorliegende Lebensbeschreibung Jakob Lorbers ist nach Karl Gottfried Ritter von Leitners nachgelassener Handschrift wiedergegeben. Diese Handschrift wurde von dem Dichter etwa in dessen 84. Lebensjahr aufgezeichnet. Sie wurde Leitners Verfügung gemäß nach seinem Tode der Landesbibliothek am Joanneum in Graz übergeben.

Lorber-Verlag, Bietigheim

Jakob Lorber, 1800 — 1864

Jakob Lorber, der steiermärkische Theosoph

Von Karl Gottfried Ritter v. Leitner.

Der merkwürdigste Mann, welchen ich in meinem ganzen, langen Leben kennengelernt habe, ist Jakob Lorber, ein Theosoph, der den berühmtesten Männern dieser Richtung zur Seite gestellt zu werden verdient.

Ich will es nun versuchen, in folgendem einen kurzen, aber auf verläßlichen Grundlagen beruhenden Abriß seines äußeren Lebens zu entwerfen und demselben als vieljähriger Augen- und Ohrenzeuge eine wahrheitsgetreue Darstellung der außerordentlichen Erscheinungen im Gebiete seines Seelenlebens beizufügen.

Familie

Die Familie Lorbers findet man schon im 17. Jahrhundert in den Windischen Büheln der unteren Steiermark, und zwar die zwei Vettern Kaspar und Paul Lorber schon 1631 als Insassen auf dem Hügel Gradise, welcher im Urbar der gräflichen Stubenbergschen Herrschaft Mureck „Purgstallberg" genannt wird. Diese traten ihr Eigentum der Pfarrgemeinde St. Leonhard zum Bau einer Kapelle ab, welche bald darauf in eine Wallfahrtskirche zur heiligen Dreifaltigkeit umgestaltet wurde.

Nicht sehr fern von dort, in der am linken Drauufer mitten in Weinbergen gelegenen Ortschaft Kanischa der Pfarre Jahring, besaß Lorbers Vater Michael, verehelicht mit Maria Tautscher, einer Wendin, die beiden Bergholden-Gründe Nr. 4 und 5.

Michael Lorber bewirtschaftete diese selbst und bezog aus den Erträgnissen hauptsächlich die Mittel zum Unterhalte seiner Familie. Er verstand aber auch, die meisten musikalischen Instrumente fertig zu spielen und behandelte insbesondere das Zimbal mit Meisterschaft, so daß ihm mehrmals die Auszeichnung zuteil wurde, sich vor dem erlauchten Freunde volkstümlicher Weisen, dem allverehrten Erzherzog Johann von Österreich, wenn dieser zur Weinlese auf seiner Besitzung in Pickern verweilte, mit seinem vorzüglichen Spiele auf diesem Instrumente hören zu lassen. Diese vielseitige musikalische Geschicklichkeit gab ihm auch Gelegenheit zu einem willkommenen Nebenerwerbe, welchen er insbesondere darin fand, daß er sich der damals unter dem Namen „Schwarzenbacher“ in ganz Steiermark und darüber hinaus wohlbekannten und sehr beliebten Musikergesellschaft anschloß und deren Produktionen als Kapellmeister leitete.

Ungeachtet ihrer Schlichtheit verkannten die Lorberschen Eheleute den Wert einer höheren Bildung mitnichten und scheuten kein Opfer, um ihre Söhne, deren sie drei hatten, im Streben nach derselben, soweit es ihre Kräfte gestatteten, werktätig zu unterstützen.

Michael, der Zweitgeborene, erwählte nach Vollendung seiner Studien eine juristische Laufbahn, zunächst als Herrschaftsverwalter und dann als Notarssubstitut. — Josef, der Jüngste, widmete sich dem Lehrstande. — Und Jakob, der Älteste von ihnen, ist eben der, dessen denkwürdige Erscheinung die folgenden Blätter zu schildern versuchen.

Jugendjahre

Jakob Lorber, am 22. Juli 1800 auf dem Heimsitze seiner Eltern geboren, brachte dort auch die Jahre seiner Kindheit zu, indem er an deren ländlichen Beschäftigungen teilnahm. Er war bereits ein Knabe von neun Jahren, als er die Dorfschule in Jahring zu besuchen begann und dort den ersten Unterricht im Lesen, Schreiben und Rechnen erhielt. Er zeigte hierbei regen Eifer und überhaupt große Wißbegierde, nebstbei aber auch schon früh große Vorliebe für die Musik, in deren Anfängen ihn ursprünglich der Vater selbst unterrichtete.

Eine seltene Befähigung zu diesem Kunstfache trat eines Tages auffällig hervor, als der Vater ihn in die nahegelegene Kreisstadt Marburg an der Drau mit sich nahm und dort im Gasthause „Zum Lamm“ einkehrte. Sie trafen nämlich dort in der Schankstube einen dem Wirte verwandten blinden Mann, welcher zur Ergötzung der staunenden Gäste vortrefflich Harfe spielte. Jakob wendete diesem Musikkünstler sogleich seine ganze Aufmerksamkeit zu, setzte sich an dessen Seite, beobachtete jeden Handgriff des blinden Harfners und vertiefte sich ganz in dessen Spiel. Von diesem Tage an ließ er nicht nach, beim Vater zu bitten, ihm auch eine Harfe zu kaufen. Letzterer erfüllte bald den Wunsch des talentvollen Knaben. Und obwohl dieser kaum noch ein paarmal Gelegenheit fand, den von ihm bewunderten blinden Virtuosen zu hören, um ihm die Handhabung seines Instrumentes abzuspähen, so brachte er es doch durch ausdauernd fleißige Übung in einiger Zeit dahin, sich allmählich selbst zu einem tüchtigen Harfenspieler auszubilden.

Der Vater, welcher als Kapellmeister seiner wandernden Musikgesellschaft oft längere Zeit vom Haus abwesend war, überließ in der Folge den ferneren musikalischen Unterricht Jakobs dem Ortsschullehrer Anton Udl. Dieser unterwies fortan seinen gelehrigen Schüler nach und nach in der Behandlung verschiedener Instrumente, vorzugsweise aber im Violin-, Klavier- und Orgelspiel, und erzielte mit ihm nicht nur hierin erfreuliche Erfolge, sondern bemerkte bald, daß er ihn seines vorzüglichen musikalischen Gehörs wegen auch als Gehilfen bei seinem Nebengeschäfte des Stimmens und Ausbesserns von Orgeln trefflich gebrauchen könne, und er verwendete ihn daher während längerer Zeit nebenher auch in dieser Weise.

Lernender und Lehrer

So war Lorber zum Jüngling herangewachsen, und dem unbestimmten Drange nach höherer geistiger Ausbildung folgend, nahm er im Sommer 1817 von der Heimat Abschied, um nach der nur etwa zwei Meilen entfernten Stadt Marburg zu wandern und dort die Vorbereitungsanstalt für Volksschullehrer zu besuchen.

Nachdem er diesen Kurs zur Zufriedenheit vollendet hatte, trat er zuerst zu St. Egydi als Lehrergehilfe in den Schuldienst und übersiedelte bald darauf in gleicher Eigenschaft nach St. Johann im Saggathale.

Hier wendete ihm ein Kaplan der Pfarre, der im täglichen Verkehr mit ihm dessen ungewöhnliche Fähigkeiten bemerkt hatte, sein besonderes Wohlwollen zu, erteilte ihm einigen Unterricht in der lateinischen Sprache und eiferte ihn an, sich dem Priesterstande zu widmen und zu diesem Zwecke die Studienlaufbahn zu betreten.

Diesem Rate Folge leistend, kehrte Lorber im Herbste 1819 wieder nach Marburg zurück und ließ sich im dortigen Gymnasium als Schüler einschreiben. Da er seinen Mitschülern schon im Alter voraus und von ernsterem Benehmen war, ernannte man ihn bald zum Famulus der Klasse, als welcher er eine gewisse Aufsicht über die anderen Studierenden zu pflegen und zugleich gewisse kleine Verrichtungen in der Schule zu leisten hatte, wofür er monatlich eine kleine Gebühr bezog. Außerdem spielte er beim täglichen Schulgottesdienste in der Kirche auch die Orgel gegen ein mäßiges Honorar und erwarb sich auch bereits durch Erteilung von Unterricht im Violinspielen, worin er es in der Zwischenzeit schon zur Fertigkeit gebracht hatte, eine willkommene Zubuße.

Nachdem er auf diese Weise unter ziemlich befriedigenden Lebensverhältnissen fünf Gymnasialklassen mit vorzüglichem Fortgange vollendet hatte, begab er sich, teils um sein Studium fortzusetzen, teils um sich im Violinspiele noch weiter zu vervollkommnen, im Herbst 1824 nach der Landeshauptstadt Graz und setzte hier seine Gymnasialstudien als Privatschüler der sechsten Klasse fort.

Allein die Schwierigkeit, in einer großen, ihm ganz fremden Stadt hinlänglichen Lebensunterhalt zu finden, sowie der Umstand, daß es ihm dadurch auch erschwert wurde, in seinen Studien jene hervorragende Stellung, die er unter seinen Mitschülern bisher eingenommen hatte, auch ferner zu behaupten, verleidete ihm das weitere Studieren so sehr, daß er im zweiten Halbjahr das Gymnasium verließ und zunächst sein Fortkommen als Hauslehrer suchte.

Er übernahm eine solche Hauslehrer-Stelle bei einer sehr achtbaren Privatfamilie in Graz und unterrichtete deren Kinder fünf Jahre lang zur vollsten Zufriedenheit in den deutschen Schulgegenständen, in der Musik und im Zeichnen, worin er sich als Selbstlerner ebenfalls eine gewisse Fertigkeit zu eigen gemacht hatte.

Allein bei aller Wertschätzung, die er bei dieser Familie fand, fühlte er doch das Bedürfnis, sich auch für die spätere Zukunft eine gesicherte Stellung im Leben zu gründen. Er besuchte deshalb im Jahre 1829 den höheren pädagogischen Kurs für Lehrer an Hauptschulen und erwarb sich bei dieser Bildungsanstalt ein ihn als Lehrer „ganz und wohl“ empfehlendes Schulzeugnis.

Als aber 1830 seine erste Bewerbung um eine Anstellung als Lehrer nicht gleich zum gewünschten Ziele führte, gab der leicht Entmutigte diesen Lebensplan wieder, und zwar für immer, auf.

Musiker

Er verlegte sich nun ganz auf die Musik, gab Unterricht im Gesange sowie im Klavier- und Violinspiel und komponierte auch einige Lieder und Konzertstücke. — Dadurch kam er mit dem rühmlichst bekannten Tondichter Anselm Hüttenbrenner in Verkehr, der als Gutsbesitzer in Graz lebte und zu jener Zeit dem Steiermärkischen Musikverein als Direktor vorstand. Dieser verschaffte ihm auch Gelegenheit, in Konzerten des Musikvereins mit seinem Violinspiele vor dem Publikum sich hören zu lassen und nahm einige von Lorbers Kompositionen in das von ihm redigierte Musikalische Pfennigmagazin auf.

Als Paganini 1828 das kunstliebende Wien mit seiner außerordentlichen Kunstleistung auf der Violine in Begeisterung versetzte, eilte auch Lorber dahin, um dessen bezauberndes Spiel selbst zu hören, und war so glücklich, ihn persönlich kennenzulernen, ja sogar von ihm ein paar Stunden des Unterrichts zu erhalten. Von nun an war für die nächste Periode seines Lebens Paganini das Ideal, welchem er mit rastlosem Eifer nachstrebte und zu dessen lithographiertem Bildnis, das er stets in seiner Stube hängen hatte, er oft mit einer Art von Andacht emporblickte. Aber auch mit anderen Virtuosen auf seinem Lieblingsinstrumente, der Geige, kam Lorber um jene Zeit in Berührung. Der Geigenkünstler Ernst, der nach seinen Produktionen in Wien auch in Graz Konzerte gegeben und Lorber kennengelernt hatte, stand nachher noch längere Zeit mit ihm im Briefwechsel. Vieuxtemps besuchte ihn bei ähnlicher Gelegenheit in seinem bescheidenen Stübchen, und auch mit seinem Landsmann, dem Violin-Konzertisten Eduard Jäll, machte und unterhielt er Bekanntschaft.

Allmählich fand Lorbers Violinspiel auch in den öffentlichen Blättern immer mehr Anerkennung. Als er im Oktober 1839 im Rittersaale des Landhauses ein Konzert gegeben und darin den ersten Satz eines Beriotschen Konzertes und eine von ihm selbst komponierte Bravour-Arie über ein beliebtes Volkslied vorgetragen hatte, äußerte sich das damalige Beiblatt zur „Gratzer Zeitung", „Der Aufmerksame", in Nr. 129 über sein Künstlertum in folgender Weise: „Herr Lorber ist kein Violinist, der sich in den Schranken irgendeiner Schule bewegt; er ist ganz Autodidakt (Selbstlehrer). Unstreitig ist er mit mehr als gewöhnlichem Talente ausgerüstet, und bewunderungswürdig ist die Kunstfertigkeit, zu welcher Herr Lorber durch den unermüdlichen Fleiß und eine eigentümliche Anwendung seiner musikalischen Naturgabe es gebracht hat. Mit Staunen sehen wir ihn Schwierigkeiten überwinden und selbst Wagstücke bestehen, an deren Ausführbarkeit wir zweifeln würden, wenn wir nicht durch Lorbers fast immer siegende Verwegenheit eines andern belehrt wären. Er belebte mit einem Bogenstrich 120 bis 160 Notenköpfe. Seine Staccatos sind wunderschön. Und die Triolen, Doppelgriffe, Flageoletts, Pizzicatos mit einer Hand und sonstige Bravoursätze führt er sehr leicht und auch oft ziemlich rein aus. Aber indem er sich eben in das Ungewöhnliche verliert, geschieht es auch zuweilen, daß die in seinem Spiele sich drängenden Schwierigkeiten in so phantastischer Überladung angehäuft sind, daß man vor lauter Schwierigkeiten und

Dissonanzen gar nichts anderes zu hören bekommt und von Ton, Melodie, Ausdruck und folglich wahrem Genusse des Zuhörers gar keine Rede mehr ist. Das Studium und die Beharrlichkeit des Herrn Lorber, so Ungewöhnliches zu Tage zu fördern, verdienen allerdings gerechte Anerkennung. Wieviel williger aber und ungeteilter würde man ihm den herzlichen Anteil zuwenden, wenn er sein bedeutendes Talent statt dem bloß Schweren, dem wahrhaft Schönen, dem auf die Länge doch allein nur Lohnbringenden, gewidmet hätte. Die Aufnahme des Konzertgebers von Seite des Publikums war auszeichnend und dem Verdienste des Herrn Lorber angemessen."

Lorber ließ sich durch solche wohlmeinende Mahnungen der Kritik nicht einschüchtern, sondern vielmehr nur zu verdoppeltem Eifer in seinem Kunststreben anspornen. — Als er zehn Jahre später bei einem Wohltätigkeitskonzert mitwirkte und ein Rondo und eine Mazurka von seiner eigenen Komposition mit seltener Bravour vorgetragen hatte, konnte das damalige Lokalblatt „Aurora" (Mai 1849, Nr. 36) zu der verdienten Anerkennung seines Staccatos und Flageoletts auch bereits die Bemerkung beifügen, daß Lorber nicht nur in Paganinischen Bogenkünsten enorme Fortschritte gemacht, sondern sich auch Schönheit und Fülle des Tones in erfreulicher Weise angeeignet habe. Nach dem von Anselm Hüttenbrenner verfaßten Konzertbericht wurde Lorber für seine Darbietungen vom Publikum „stürmisch gerufen".

In der Folge trat er auch mit örtlichen Zeitschriften in nähere Verbindung und lieferte für dieselben, vorzugsweise für den damals in Graz erschienenen „Telegraph", Berichte über Aufführungen von Opern und Konzerten.

Obwohl Lorber somit in diesem Zeitraume sein musikalisches Streben als seine Hauptaufgabe betrachtete, so füllte selbes doch das Bedürfnis seines Innern nicht völlig aus.

Besonderes Interesse hegte er auch für die Astronomie. Zwar mangelte ihm, um dieselbe wissenschaftlich betreiben zu können, eine gründliche Kenntnis der Mathematik. Aber bei seinem mächtigen Drange nach höherer Erkenntnis zog ihn doch die hehre Tiefe des gestirnten Himmels von jeher unwiderstehlich an. Er suchte daher mittels einer künstlichen Steigerung seines Sehvermögens in die Geheimnisse des Weltbaues gleichsam mechanisch einzudringen und verfertigte sich dazu selbst einen großen, freilich ziemlich primitiv geratenen, jedoch ganz brauchbaren Tubus. — Später war er auch so glücklich, in den Besitz eines guten Fernrohres von Steinheil zu gelangen.

An heiteren Sommerabenden, oft auch erst spät in sternhellen Nächten wanderte er, seinen Tubus an einem Bande zur Seite hängen habend, mit einem oder dem andern seiner Freunde vor die Stadt hinaus und stellte das Instrument auf der freien Fläche des Glacis oder noch lieber auf der aus der Mitte der Stadt aufragenden Felsenhöhe des Schloßberges auf. Hier betrachtete er dann selbst und zeigte auch seinen Begleitern mit immer erneutem Interesse den narbenvollen Mondball, den Jupiter mit seinen Trabanten, den Saturn mit seinem Lichtringe, die übrigen Planeten und den sich wunderbar auftuenden Sternenhimmel von Myriaden leuchtender Weltkörper, zu welchen sich die Milchstraße und die Nebelflecke vor dem Objektivglase seines Tubus in das Unendliche auseinanderbreiteten. Gern gewährte er den Genuß dieses erhabenen Einblickes in die Unermeßlichkeit des Weltalls auch jedem vorüberwandelnden Spaziergänger, der etwa neugierig an sein Instrument herantrat. Und er empfand stets eine genugtuende Freude, wenn es der fremde Schaugast dann mit der Miene oder wohl gar mit einem Worte frommer Bewunderung dankend wieder verließ.

Wie sich auf diese Weise sein Bestreben, in das großartige Gebiet der materiellen Schöpfung einzudringen, lebhaft geltend machte, so entwickelte sich andererseits in ihm allmählich auch das unwiderstehliche Verlangen, auch den Weg zu den geheimen Schätzen der geistigen Welt zu finden und müßte er denselben auch jenseits der Grenzen des gewöhnlichen, allgemeinen Erkenntnisvermögens aufsuchen.

So fühlte er sich denn auch zur Lektüre von Werken hingezogen, die seiner tiefen Innerlichkeit entsprachen. Und nun las er, soweit ihm sein Broterwerb Muße gewährte, manche Werke von Justinus Kerner, Jung-Stilling, Swedenborg, Jakob Böhme, Johann Tennhardt und J. Kerning, von denen er insbesondere letzteren als denjenigen bezeichnete, dessen Schriften ihm wichtige Fingerzeige gegeben haben. Er machte aber aus solcher Lektüre, die sich überhaupt nur auf einzelne Schriften der erwähnten Autoren beschränkte, kein eigentliches Studium, was überhaupt seine Sache nicht war, sondern legte derlei Werke wieder beiseite und behielt nur die Bibel immer zu Händen. Aber auch aus dem Lesen dieser machte er kein tägliches, d. h. äußerlich gewohnheitsmäßiges Geschäft, vielmehr griff er auch nach dem Buche der Bücher nur, wenn ihn ein äußerer Anlaß oder ein innerer Antrieb dazu bestimmte.

Bei all dieser Hinneigung zur Erforschung der tiefsten Geheimnisse ernstester Art blieb Lorber aber von aller Kopfhängerei stets weit entfernt; vielmehr war und blieb er im täglichen Umgange immer ein heiterer Gesellschafter, nur daß sich, wie er später mitteilte, um diese Zeit bei ihm allmählich bedeutungsvolle Träume einstellten, von denen er die ihm wichtiger scheinenden fortan aufzuschreiben anfing.

Berufung durch die innere Geistesstimme

Lorber war nun bereits in das vierzigste Lebensjahr vorgerückt, ohne sich eine feste Stellung im Leben errungen zu haben. Nun ging ihm aber aus Triest unerwartet die Einladung zu, unter recht annehmbaren Bedingungen dort eine zweite Kapellmeisterstelle zu übernehmen. Er ging darauf ein und traf alle Vorbereitungen zur Abreise. Allein sein Leben sollte eben jetzt plötzlich eine ganz andere Richtung nehmen.

Er hatte am 15. März 1840 um 6 Uhr morgens — so erzählte er nachher seinen Freunden — gerade sein Morgengebet verrichtet und war im Begriffe, sein Bett zu verlassen, da hörte er links in seiner Brust, an der Stelle des Herzens, deutlich eine Stimme ertönen, welche ihm zurief: „Steh' auf, nimm deinen Griffel und schreibe!" — Er gehorchte diesem geheimnisvollen Rufe sogleich, nahm die Feder zur Hand und schrieb das ihm innerlich Vorgesagte Wort für Wort nieder. Es war dies der Eingang des Werkes: „Die Haushaltung Gottes" oder „Geschichte der Urschöpfung der Geister- und Sinnenwelt sowie der Urpatriarchen". Und die ersten Sätze desselben lauteten: „So spricht der Herr für jedermann, und das ist wahr und getreu und gewiß: Wer mit Mir reden will, der komme zu Mir, und Ich werde ihm die Antwort in sein Herz legen. Jedoch die Reinen nur, deren Herz voll Demut ist, sollen den Ton Meiner Stimme vernehmen. Und wer Mich aller Welt vorzieht, Mich liebt wie eine zarte Braut ihren Bräutigam, mit dem will Ich Arm in Arm wandeln; er wird Mich allezeit schauen wie ein Bruder den anderen Bruder, und wie Ich ihn schaute schon von Ewigkeit her, ehe er noch war."

Lorber lehnte nach diesem Ereignis die ihm angebotene Anstellung unverzüglich ab und diente dieser geheimnisvollen Einflüsterung von derselben Stunde an während einer Reihe von vierundzwanzig Jahren, bis zu seinem Tode, als emsiger Schreiber, indem er sich demütig einen Knecht des Herrn nannte.

Der Schreibknecht Gottes

Lorber begann dieses Schreibgeschäft, welches von nun an die Hauptaufgabe seines Daseins blieb, fast täglich schon morgens vor dem Frühstück, welches er in seinem Eifer nicht selten ganz unberührt stehen ließ. Dabei saß er, meistens mit einer Mütze auf dem Kopfe, an einem kleinen Tischchen, im Winter knapp neben dem Ofen, und führte ganz in sich gekehrt, mäßig schnell, aber ohne je eine Pause des Nachdenkens zu machen oder eine Stelle des Geschriebenen zu verbessern, ununterbrochen die Feder, wie jemand, dem von einem andern etwas vorgesagt wird.

Zu wiederholten Malen tat er, wenn er hiervon sprach, auch die Äußerung, er habe während des Vernehmens der ihm einsagenden Stimme auch die bildliche Anschauung des Gehörten. Seiner Aussage nach teilte er das innerlich Vernommene aber noch leichter mit, wenn er es einem andern mündlich kundgeben konnte. Und in der Tat diktierte er einigen seiner Freunde einzelne Aufsätze, ja ganze Werke von mehreren hundert Schriftbogen. Dabei saß er neben dem Schreibenden, ruhig vor sich hinschauend und nie in seinem Redeflusse stockend oder irgendeine Satzfügung oder auch nur einen einzelnen Ausdruck abändernd. Und wenn sein Diktieren durch Zufall auf kürzere oder längere Zeit, selbst für Tage und Wochen, unterbrochen wurde, so vermochte er das bisher Geschriebene, ohne von demselben mehr als etwa die letzten Worte oder Zeilen nachgelesen zu haben, sogleich im richtigen Zusammenhange fortzusetzen.

Das lebendige Wort

An einen Freund schrieb Lorber im Jahre 1858 über die in ihm redende Geistesquelle, die er als die Stimme Jesu Christi, das lebendige Wort Gottes empfand:

„Bezüglich des innern Wortes, wie man dasselbe vernimmt, kann ich, von mir selbst sprechend, nur sagen, daß ich des Herrn heiligstes Wort stets in der Gegend des Herzens wie einen höchst klaren Gedanken, licht und rein, wie ausgesprochene Worte, vernehme. Niemand, mir noch so nahe stehend, kann etwas von irgendeiner Stimme hören. Für mich erklingt diese Gnadenstimme aber dennoch heller als jeder noch so laute materielle Ton. — Das ist aber nun auch schon alles, was ich Ihnen aus meiner Erfahrung sagen kann. — Aber es wandte sich jüngst eine dem Herrn höchst ergebene Frau durch mich an Ihn, und es ward ihr folgende Antwort zuteil, die ich Ihnen hier wörtlich mitteile. Sie lautete:

‚Das, was nun Mein irdisch sehr armseliger Knecht tut, sollten eigentlich alle Meine wahren Bekenner tun können. Denn allen gilt das Evangeliumswort: Ihr müsset alle von Gott gelehrt sein! Wen nicht der Vater ziehet, der kommt nicht zum Sohne! Das aber besagt soviel als: Ihr müsset von eurer werktätigen, lebendigen Liebe zu Mir und daraus zu jedem bedürftigen Nächsten — zur innern Weisheit aus Gott gelangen! Denn eines jeden wahre, werktätige Liebe bin ja eben Ich selbst gleich also in seinem Herzen, wie der Sonne lebendiger Strahl wirkend ist in jedem Tautropfen, in jeder Pflanze und in allem, was die Erde trägt. Wer Mich sonach wahrhaft über alles aus allen seinen Kräften liebt, dessen Herz ist auch voll von Meiner Lebensflamme und deren hellstem Lichte! Daß dadurch zwischen Mir und dem Mich über alles liebenden Menschen ein steter und hellster Verkehr entstehen muß, ist ebenso klar, wie daß ein gesundes Weizenkorn in fruchtbarer Erde unter dem warmen Sonnenstrahl zur segensreichsten Frucht emporwachsen muß. — Daß dieses aber mit den Menschen durch Erfüllung der im Evangelium gestellten Bedingungen wirklich möglich ist, dafür steht dieser Mein Knecht als ein Zeuge vor dir! — Aber das sage Ich dir auch: Mit einer bloßen Verehrung und noch so tief andächtigen Bewunderung Meiner göttlichen Vollkommenheit ist's da nichts! Solcher sogenannten frommen Christen gibt es eine Menge in der Welt, und doch erreichen sie wenig oder nichts. — Alles aber liegt an dem, daß jemand, der zu Meinem lebendigen Worte in sich gelangen will, vollkommen ein Täter Meines Wortes ist. — Dies zur Darnachachtung für dich und jedermann!‘

Hier, lieber Freund, haben Sie Ihre Frage so erschöpfend als möglich beantwortet. Und es wäre vermessen von mir armem Sünder, Ihnen noch ein mehreres darüber zu sagen. Jakob Lorber.“

Weltliche Unterbrechung

Nachdem Lorber mit diesem Schreibgeschäfte und dem Unterrichtgeben in der Musik vier Jahre zugebracht hatte, erhielt er im Jahre 1844 von seinen beiden Brüdern, welche sich damals, der eine als Herrschaftsverwalter, der andere als Postmeister zu Greifenburg, in Oberkärnten aufhielten, die Einladung, zu ihnen zu kommen und ihnen bei der Besorgung einiger Privatgeschäfte behilflich zu sein. Da ihm die Fristung seiner Existenz in Graz, wo die Zahl der Musikmeister immer mehr zunahm, mit jedem Jahre schwieriger wurde, so entschloß er sich, diesen Antrag anzunehmen und verabschiedete sich von seinem bisherigen Wohnorte und seinen dortigen Freunden.

Er widmete sich nun der Durchführung der ihm von seinen Brüdern übertragenen Geschäfte, welche in der Beaufsichtigung einer von ihnen übernommenen Holzlieferung bestanden und ihm mitunter zu größeren oder kleineren Reisen Veranlassung gaben. Diese führten ihn damals auch nach Innsbruck, Bozen und bis nach Mailand, wo er im Theater della Scala ein beifällig aufgenommenes Violinkonzert gab. In letzterer Stadt fand er auch Gelegenheit, eine vorzüglich gute Geige käuflich an sich zu bringen, die ihm als eine Stradivari angepriesen worden war und jedenfalls sich als ein vortreffliches Instrument bewährte, das ihm in der Folge sehr gute Dienste leistete.

Während seines Verweilens in Oberkärnten bestieg er dort mehrere Hochgebirge, darunter auch den Großglockner, und nahm Skizzen dieser großartigen Gebirgsansicht mit dem Bleistifte auf, welche er später in Graz mit schwarzer Kreide ausführte; und wenn man an die Perspektive nicht strenge Forderungen stellte, so konnte man allerdings anerkennen, daß er auch zur Zeichenkunst, in welcher er nie Unterricht genossen hatte, nicht ohne Naturanlage war.

Rückkehr nach Graz zum geistigen Berufe

Im Jahre 1846 kehrte Jakob Lorber, nachdem er seine Aufgabe in Oberkärnten gelöst hatte, wieder nach Graz und zu seinen früheren Verrichtungen zurück, die er nun durch mehr als ein Jahrzehnt emsig fortsetzte. Erst im Jahre 1857 entfernte er sich von dort noch einmal für einige Monate, indem er sich mit zwei vorzüglichen Meistern im Harfen- und Gitarrenspiel verband und mit ihnen auf einer Rundreise in den Hauptstädten der österreichischen Kronländer Konzerte gab, bei welchen er sich auf seinem Lieblingsinstrumente, der Violine, produzierte.

Bei seiner Rückkehr nach Graz nahm er seine Tätigkeit als Musiklehrer wieder auf, blieb aber auch mit seinen bisherigen Reisegefährten noch eine Zeitlang in Verbindung und gab mit ihnen bei Veranstaltungen an öffentlichen Orten noch zeitweilig Musikproduktionen, die vom Publikum stets mit Beifall aufgenommen wurden.

Indem Lorber auf solche Art sowohl auf seiner Rundreise in öffentlichen Konzertsälen oder auch später in der Heimat an verschiedenen Unterhaltungsorten gleichsam berufsmäßig als ausübender Musiker auftrat, verfolgte er dabei zweierlei Zwecke. Er wollte dadurch nämlich einerseits einen lohnenderen Erwerb erzielen, als sich bei dem mühsamen und dennoch spärlichen Verdienste durch Stundengeben erreichen ließ, andererseits aber gedachte er auch, gewisse Späherblicke, von welchen er sich wegen seines geheimnisvollen Schreibens mißtrauisch und mißgünstig beobachtet glaubte, von diesem ab und mehr auf seine musikalische Berufstätigkeit hinzulenken. Nichtsdestoweniger fühlte er sich aber doch bei diesem neuen Broterwerbe, wiewohl er mit seinen Gefährten stets nur auf einer erhöhten und reichbeleuchteten Bühne spielte, immerhin etwas gedrückt. Und es ist charakteristisch für seine Denkweise, daß er mehrmals äußerte: Gott habe ihn wohl in diese Lage versetzt, um seinen Künstlerstolz, der sich manchmal in ihm geregt habe, dadurch zu demütigen.

Zudem nahm er bald wahr, daß er durch diese Nebenbeschäftigung, wenn er gleich den Vormittag größtenteils am Schreibtische zubrachte, doch allzusehr zerstreut und von dem, was er längst als seinen eigentlichen Lebensberuf anzusehen gewohnt war, zu sehr abgezogen werde. Er gab dieselbe daher bald wieder ganz auf und begnügte sich damit, seinen Unterhalt sich fortan lediglich durch Musikunterricht und mitunter auch durch Klavierstimmen zu verschaffen. Freilich konnte dieser Verdienst, wenngleich Lorbers Bedürfnisse überaus bescheiden waren, doch in den späteren Jahren, als er zu den damit verbundenen vielen und oft weiten Gängen schon zu gebrechlich geworden war, nicht mehr ausreichen, und da halfen dann freiwillig dargebotene Freundesgaben wohlwollend nach.

Reiche Ernte

In den nun folgenden Jahren war er wieder emsig mit dem Niederschreiben des ihm gewordenen Einsagens beschäftigt, vorzugsweise mit der Aufzeichnung seines später in zehn Bänden veröffentlichten bedeutendsten Werkes, des „Großen Evangeliums Johannes", einiger nebenher erhaltenen Erklärungen von schwierigen Bibelstellen und von bedeutungsvollen Träumen und einzelnen Mitteilungen über verschiedene Angelegenheiten seiner Freunde.

Außer dem zehnbändigen „Großen Evangelium Johannes" (1851—64) entstand so unter Lorbers Feder eine stattliche Reihe zum Teile mehrbändiger Werke — schon rein äußerlich der Zahl und dem Umfange nach ein Zeugnis der erstaunlichsten geistigen Fruchtbarkeit!

Erwähnt sei hier: Die Haushaltung Gottes (3 Bde., 1840—1844); Der Mond (1841); Der Saturn (1 Bd. 1841/42); Die Fliege, Der Großglockner, Die natürliche Sonne (1842); Die geistige Sonne (2 Bde., 1842/43; Schrifttexterklärungen (1843); Die Jugend Jesu (1 Bd., 1843/44); Der Briefwechsel Jesu mit Abgarus, Der Laodizenerbrief des Apostels Paulus (1844); Die Erde (1 Bd. 1846/47), Bischof Martin (1 Bd., 1847/48); Robert Blum (2 Bde., 1848/51); Die drei Tage im Tempel (1859/60). D. Hrsg.

Lebensabschluß

Nachdem Jakob Lorber in dieser emsigen Weise das sechzigste Lebensjahr überschritten hatte, begannen seine körperlichen Kräfte, während die geistigen in ungeschwächter Tätigkeit fortwirkten, allmählich, wenn auch für seine Umgebung kaum merkbar, zu sinken. In den beiden letzten Jahren vor seinem Hinscheiden äußerte er immer häufiger Todesahnungen, achtete aber auf dieses Gefühl seiner Hinfälligkeit nicht und setzte seine gewohnte Lebensweise unverändert fort. Nur bemerkten seine Freunde an ihm eine erhöhte Reizbarkeit, das allmähliche Erlöschen seiner früheren, oft hinreißenden Heiterkeit und das Vorwalten einer sehr ernsten Seelenstimmung.

Seit dem Beginn des Jahres 1864 äußerte Lorber aber mit fester Überzeugung geradezu, er werde das Jahr 1865 nicht erleben. Bald darauf erkrankte er wirklich und mußte fortan drei Monate lang das Bett hüten.

War er vorher manchmal verdrossen und brach er manchmal auch über die Unsicherheit seiner Lebensverhältnisse in bittere Worte aus, so war er jetzt ein Muster von Geduld und frommer Ergebung. Und klagte er schon manchmal noch, so war es nun weniger eine Klage über seine eigenen Beschwerden, als über das allgemeine Schicksal der Menschheit. Dabei wiederholte er mit Humor gern einige Verse, die er einmal an einer Gartenmauer angeschrieben gefunden und im Gedächtnis behalten hatte:

> Die Sonne geht auf und geht unter.
> Und alles, was Tier heißt, ist munter.
> Der Mensch nur, der Mensch ganz allein
> empfindet des Lebens Mühe und Pein.

Aber auch während er auf das Krankenlager hingestreckt lag, blieb er immer noch fähig, einem oder dem andern seiner jungen Freunde von Zeit zu Zeit manches Tiefsinnige in die Feder zu diktieren.

Beim Eintritt des Frühlings erholte er sich auch wieder allmählich, und man konnte wieder auf seine vollkommene Genesung hoffen, zumal er wieder sein Zimmer zu verlassen und sich im Freien zu ergehen vermochte. Er begann auch wieder in seine gewohnte Lebensweise einzulenken, erlangte aber nicht mehr seinen vorigen Gesundheitszustand, blieb vielmehr fortan schwach und behauptete immer entschiedener das Herannahen des Endes seiner irdischen Wanderschaft.

Heimgang

Zwei Tage ehe dieses wirklich eintrat, befand er sich noch in einem Privathause, das er manchmal besuchte. Und die Hausfrau bereitete ihm ein Gericht, das für ihn eine Lieblingsspeise war. Er ließ es sich behaglich munden und sagte dann: „Das war sehr gut, aber in zwei Tagen lebe ich nicht mehr."

Man suchte ihm dies aus dem Sinn zu bringen, aber er blieb bei seiner Behauptung, die sich auch tatsächlich bewahrheitete.

Schon am nächsten Tage, als er nach seiner Mahlzeit nach Hause ging, befiel ihn auf der Straße ein plötzlicher Blutauswurf, den er aber doch so wenig ernst nahm, daß er abends noch seine gewöhnliche Gesellschaft besuchte.

Aber schon auf dem Heimwege überfiel ihn neuerlich ein heftiges Blutbrechen, das nicht mehr aufhörte, zumal Lorber bei seiner Heimkunft, um die Nachtruhe seiner Umgebung nicht zu stören, von dieser keine Hilfe in Anspruch nahm.

Am Morgen darauf fand man ihn angekleidet, mit dem Gesichte gegen die Wand gekehrt, im Bette liegen und das Bettzeug mit Blut bedeckt. Ein aus der Nähe herbeigeholter Arzt flößte ihm ein Medikament ein, erklärte aber jede menschliche Hilfe bereits für vergeblich.

Man schickte nun eilends in die nächste Pfarre, worauf bald ein Priester am Schmerzenslager des schwer Leidenden erschien. Da dieser aber bereits teilnahmslos dahinlag, fragte der Geistliche eine zur Pflege anwesende Anverwandte, ob Lorber wohl die Kirche besucht habe. Diese erwiderte darauf, daß dies wohl ohnehin bekannt sein müsse, da Lorber ja bei Hochämtern sogar oft auf dem Musikchore uneigennützig selbst mitgewirkt habe. Hierauf fragte der Geistliche die Verwandte noch ernstlich, ob sie es auf ihr Gewissen nehme, wenn er den Sterbenden mit den Sakramenten versehe. Nachdem sie dies unbedenklich bejaht hatte, verrichtete der Priester ohne weiteren Anstand sein kirchliches Amt und entfernte sich dann wieder.

Inzwischen hatte man den intimsten Freunden Lorbers die plötzlich eingetretene Gefahr seines nahen Ablebens melden lassen; aber ein heftiger Gewittersturm, welcher eben mit allem Ungestüm losgebrochen war, verzögerte etwas das Eintreffen der Herbeigerufenen. Lorber, welcher sich wieder etwas erholt hatte, ließ nun seine Lage im Bette verändern, indem er, der zehn Jahre lang mit den Füßen gegen Westen gekehrt der Nachtruhe gepflogen, sich in der Art betten ließ, daß nun sein Scheitel nach dieser Weltgegend gerichtet und sein Angesicht dem Sonnenaufgange zugewendet war.

Inzwischen waren die Freunde bei strömendem Regen herbeigeeilt, und unter ihnen auch sein befreundeter Hausarzt; aber Lorber vermochte das von ihm angeordnete Heilmittel nicht mehr zu nehmen. Er lag nun einige Zeit im Schmerze dahin, dann begann er plötzlich sich, wie ein Soldat, der sich richtet, gewaltig zu strecken, nahm eine wagrechte Rückenlage ein und das Angesicht dem Sonnenaufgange zugekehrt wurde er, während der Aufruhr der Natur außen mit Blitzen und Donnerschlägen tobte, vollkommen ruhig. — Jetzt trat die Agonie ein, und nach etwa einer Viertelstunde war der Knecht Gottes sanft entschlummert und sein längst einer höheren Welt angehöriger Geist in die ewige Heimat zurückgekehrt (24. August 1864).

Seine entseelte Hülle wurde unter zahlreicher Begleitung, die in dem Verblichenen freilich mehr dem vielbekannten Violinvirtuosen als dem ihnen fast unbekannten Theosophen die letzte Ehre erweisen wollte, auf dem Friedhofe zu St. Leonhard bei Graz zur Ruhe gelegt.

Einer seiner Freunde bezeichnete die Stätte, wo Lorbers Erdenhülle nun ruht, mit einem einfachen Denksteine, in dessen Vorderseite Name, Geburts- und Sterbetag des Hinübergegangenen sowie die tröstlichen Worte, die Paulus im achten Verse des 14. Kapitels einst an die Römer schrieb, eingemeißelt sind. In der Folge brachten dann mehrere Lorberfreunde das Eigentum dieser Grabstelle für immer an sich und ließen zu beiden Seiten des Gedächtnismales je eine Thuja pflanzen, deren deutscher Name „Baum des Lebens“ bedeutungsvoll an die lebenweckende Sendung des seltenen Geistes erinnert, der hier sein Irdisches der Erde wiedererstattet hat.

Lorbers äußeres Wesen

Lorbers Äußeres entsprach keineswegs der Vorstellung, die sich etwa ein Kenner seiner übersinnlichen Schriften von ihm machen mochte. Er war vielmehr das Gegenteil eines im Hinblicke auf die Schriften etwa vermuteten ätherischen Wesens. Seine mehr als mittelgroße und gedrungene Gestalt hatte sogar eine gewisse Derbheit an sich. Der Kopf war ziemlich groß, die Stirne hoch und breit, die Lippen voll, alle Gesichtsformen sanft abgerundet, die Miene freundlich und die graublauen Augen von einer wohlwollenden Milde beseelt. Das braune Haar trug er gescheitelt auf den Nacken herabfallend und auf dem Kinne einen gleichfarbigen, in den letzten Jahren seines Lebens ergrauenden Vollbart. Wenn er sich mit seiner geliebten Violine produzierte, erschien er in tadellosem schwarzen Anzug, für gewöhnlich aber vernachlässigte er sich in der Kleidung. Und wenn dieser unscheinbare Mann mit langsamem, etwas schwerfälligem Gange die Straße einherschritt, ahnte wohl niemand in ihm den Mittler jener geheimnisvollen Kundgebungen, die schon Tausende von Druckseiten füllten und in mehreren, auch weit entfernten Ländern eine Schar begeisterter Anhänger hatte.

Lorber benahm sich im Umgange sehr bescheiden, für unsere gern ein erhöhtes Selbstbewußtsein zur Schau tragende Zeit sogar zu demütig; jedoch war er selbst noch während der Zeit, da er sein ernstes Schreibgeschäft betrieb, ein guter Gesellschafter. Wenn er sein Tagewerk vollendet hatte, liebte er es, den Abend in der Gesellschaft von Befreundeten bei einem Glase heimischen Weines heiter zu verbringen.

Drehte sich das Gespräch um weltliche Dinge, so erzählte er oft die drolligsten Erlebnisse und Anekdoten, so daß sich die lachenden Zuhörer dabei auf das beste unterhielten. Nahm das Gespräch aber bei der Anwesenheit von Gleichgesinnten eine ernstere Wendung, so war bald der tiefste Ernst und eine wahrhaft überirdische Ruhe über ihn verbreitet und die tiefsinnigsten und erhabensten Lehren und Ideen entströmten seinen beredten Lippen, so daß dabei die gespannt aufmerkenden Hörer nicht selten ein heiliger Schauer überkam. Sagt ihm jedoch die Gesellschaft in keiner Weise zu, so konnte er stundenlang, ohne ein Wort zu sprechen, teilnahmslos dasitzen.

Manchmal geschah es wohl auch, daß sich Uneingeweihte, die von seinem mysteriösen Schreiben nur obenhin munkeln gehört hatten, der Abendgesellschaft seiner Freunde unliebsam beigesellten und ihn durch allerlei Sticheleien zu hänseln suchten. In solchen Fällen ließ er die Neckereien meistens unbeachtet fallen oder er wies den Spötter — wie einen, der ihn einmal fragte: „Was gibt es Neues, Lorber? Sie sind ja unseres Herrgotts Kanzlist!?" — mit solchem Ernst in Blick und Ton zurecht, daß jenem für die Zukunft ganz die Lust verging, ihn seines frommen Geheimschreiberdienstes wegen wieder zu verhöhnen.

Lorbers geistige Schreibweise

Nachdem ich nun versucht habe, den äußeren Lebenslauf Jakob Lorbers nach seinen Hauptumrissen zu schildern und ein möglichst ähnliches Bild seiner Persönlichkeit zu entwerfen, fühle ich mich noch im Gewissen verpflichtet, der strengen Wahrheit gemäß beizufügen, was ich von den außerordentlichen geistigen Zuständen, in denen er vierundzwanzig Jahre lebte und wirkte, selbst miterlebt habe und was ihn als eines der merkwürdigsten und höchst begabten Medien — wie den Vermittler eines Verkehres mit außerirdischen Intelligenzen zu bezeichnen, jetzt längst allgemein üblich geworden ist — unleugbar darstellt, und zwar schon vor fast vierzig Jahren, und somit zu einer Zeit, wo noch niemand an die Möglichkeit eines solchen Verkehres glaubte und noch weniger jemand von dem tatsächlichen und sogar häufigen Vorhandensein derartig veranlagter Individuen eine Ahnung hatte, was in unseren Tagen schon durch Tausende von vertrauenswürdigen Zeugen unumstößlich bewährt ist.

Es ist bereits früher erzählt worden, daß Lorber am Morgen des 15. März 1840 durch eine innerlich vernehmbare Stimme berufen wurde, ihr fortan als Schreiber zu dienen. Schon am 19. oder 20. März darauf begegnete mir Lorber abends auf dem mondhellen Hauptplatze zu Graz und sagte nach freundlichem Gruße zu mir: „Hören Sie! Ich bekomme eine Offenbarung!"

Ich war damals, wie man natürlich finden wird, um den Verstand des armen, neuen Propheten besorgt. Allein da ich ihn seiner tiefen Innerlichkeit wegen von jeher geachtet hatte, so nahm ich sein Anerbieten, mir seine „Phantastereien", wofür ich sein Schreiben ansah, nächstens bringen zu wollen, recht gerne an. Und schon an einem der nächsten Tage brachte er mir ein Quartblatt und drei halbe Bogen, auf welchen alles von ihm bis dahin Geschriebene bis zum Schlusse des 12. Absatzes des fünften Kapitels der „Urschöpfung der Geister- und Sinnenwelt" enthalten war. Die Schrift war von seiner Hand zwar mitunter unorthographisch, aber sonst rein und ohne alle Stilverbesserung.

Schon während Lorber mir die ersten Schriftseiten, welche Belehrungen und Ermahnungen enthielten, vorlas, machte die Einfachheit, Bedeutsamkeit und teilweise Erhabenheit dieser aphoristischen Sätze einen ungewöhnlichen Eindruck auf mich und bestimmte mich, dieser merkwürdigen Erscheinung auch ferner meine volle Aufmerksamkeit zuzuwenden.

Schon am 25. März fand ich mich bei Lorber, der damals ein nach rückwärts gelegenes kleines Zimmer im ersten Stockwerke des Gasthauses „Zum weißen Kreuz" in der sogenannten „Neuen Welt" bewohnte, persönlich ein, um auf seine Einladung hin selbst Zeuge seiner Schreibhandlung zu sein. Bald nach mir erschien dort auch mein Freund, der Tondichter Anselm Hüttenbrenner, welcher von Lorber zuerst in sein Geheimnis eingeweiht worden war und der von dem bisher Geschriebenen bereits für sich eine Abschrift gemacht hatte.

Lorber, welchen wir schon beim Schreiben antrafen, setzte nun in unserer Gegenwart seine Arbeit ruhig fort, mäßig schnell, aber ohne auszusetzen und ohne ein Buch vor sich zu haben, ganz nur in sich gekehrt.

Als er den 33. Absatz des fünften Kapitels des schon erwähnten Werkes vollendet hatte, legte er die Feder weg, nahm die Mütze vom Haupte und sagte halblaut: „Deo gratias!" — Hierauf las er uns das Geschriebene anfangs gleichmütig vor, als er aber in der Abteilung 22 zu der Stelle kam: „Diese Träne floß aus dem Herzen der Gottheit und hieß, heißt und wird immer heißen: Die Erbarmung", brach er in Tränen aus und vermochte das folgende vor Erschütterung nur mit Unterbrechungen zu lesen, so daß auch wir dadurch tief gerührt wurden.

Ich besuchte Lorber nun längere Zeit hindurch fast an jedem Tage, so oft er schrieb, und war jeweils ein bis zwei Stunden lang Zeuge seiner geheimnisvollen Beschäftigung, wobei sich Szenen seiner tiefsten Ergriffenheit, wie die eben geschilderte, wiederholt ergaben und er einmal nach Beendigung des neunten Kapitels unter rollenden Tränen ausrief: „Und da sollte man den Herrn nicht lieben?!"

Beweise geistiger Eingebung

Bei diesem seltsamen Schreibgeschäfte ereignete es sich auch, daß Lorber das von ihm Niedergeschriebene selbst unrichtig auffaßte oder ein einzelnes Wort darin nicht verstand. So geschah es am 26. Mai 1840. Er hatte damals über die Anfrage eines Freundes, wie man die Propheten lesen solle, eine kurze Belehrung zu Papier gebracht, welche dahin lautete, man müsse dazu ein starkes Vergrößerungsglas nehmen. Wir, seine Freunde, vermochten aber uns diese offenbar symbolische Rede nicht gehörig auszulegen. Lorber meinte sofort, unter diesem Vergrößerungsglase habe man die Gnade Gottes zu verstehen. Wir wendeten ihm darauf ein, der Mensch könne sich diese ja nicht, wie es hier angeordnet werde, eigenmächtig selbst nehmen, auch werde die Gnade später noch im besonderen erwähnt. Er blieb aber fest bei seiner Behauptung und versetzte, der Mensch könne ja die Gnade Gottes verdienen, und daher hänge die Erwerbung derselben allerdings von ihm selbst ab. Darauf gingen wir auseinander. Des nächsten Tages aber teilte mir Lorber mit, er habe in Bezug auf unser gestriges Gespräch angefragt und in der bekannten Weise wörtlich folgende Eröffnung erhalten: „Daß Meine Rede die andern nicht verstanden haben, ist nicht zu wundern, wohl aber, daß auch du sie nicht verstanden hast! Jenes Vergrößerungsglas ist die Demut, deren Begriff viel weiter ist, als ihr ihn gewöhnlich nehmt. Sie ist es, die das eigene Ich ganz klein, alles, was außer ihm ist, aber groß erscheinen macht."

Hierher gehört auch ein Vorkommnis vom 14. Juni 1840. Ich verweilte damals wieder einige Zeitlang bei Lorber, während er an einem in dem schon erwähnten Werke „Geschichte der Urschöpfung" enthaltenen Reimgedichte zu schreiben fortfuhr. Nachdem er dessen zehnte Strophe (Kap. 32, Vers 6) vollendet hatte, wandte er sich zu mir und sagte: „Jetzt habe ich ein Wort niederschreiben müssen, das ich wahrhaftig selbst nicht verstehe. Was heißt denn das: ‚Verjahen'?" — Dabei reichte er mir das beschriebene Blatt zur Einsichtnahme hin, und ich sah, daß der Schluß dieser Stanze lautete:

„Würdet ihr dann wohl auch Meiner großen Liebe nahen?
Nein, sag' Ich; in alle Zweifel würd't ihr euch verjahen!"

Ich erinnerte mich wohl, dem Worte schon im Alt- oder Mittelhochdeutschen begegnet zu sein, wußte aber über dessen Begriff nicht augenblicklich Bescheid zu geben. Nachdem ich in den folgenden Tagen mehrere Wörterbücher zu Rate gezogen hatte, fand ich endlich in Wolf-Ziemanns Mittelhochdeutschem Wörterbuche, Leipzig 1838, die Wörter „jach", „jahen", dann die weitere Wortform: „gach", „gahen" und endlich auf Seite 544 „vergahen" mit der Bedeutung „sich zum Schaden eilen, übereilen", welche für den vorliegenden Fall ganz paßte, indem der Schlußsatz dann so viel sagen würde, als: „In alle Zweifel würdet ihr euch jäh (gach) stürzen". Oder in der noch gebräuchlichen Volkssprache: „vergachen". — Diese Auslegung mag übrigens die richtige sein oder nicht, so liefert das Gesagte doch den besten Beweis, daß Lorber bei seinem Schreiben nicht seiner eigenen, sondern einer fremden Intelligenz Folge geleistet hat.

Einen noch schlagenderen, ja unwiderleglichen Beweis dafür lieferte folgendes Ereignis: Am 25. Juni 1844 gab mir Anselm Hüttenbrenner einen Aufsatz Lorbers zu lesen, welchen dieser zwei Tage vorher niedergeschrieben hatte. Es wurde darin kundgetan, daß Schelling, Steffens und Gustav A. berufen oder vielmehr auserwählt seien, um unter den Protestanten die Gemüter auf das Erscheinen dieser neuen theosophischen Schriften vorzubereiten. Zur Bestätigung dessen waren darin zwei Stellen aus dem Werke Steffens': „Die falsche Theologie und der wahre Glaube" mit genauer Angabe der bezüglichen Seitenzahlen wörtlich angeführt. — Weder Anselm Hüttenbrenner noch Lorber hatten bis dahin Steffens auch nur dem Namen nach gekannt. Lorber war daher hoch erfreut, als ihm jener, welcher inzwischen im Konversationslexikon von Brockhaus nachgeschlagen hatte, die Mitteilung machte, es gebe wirklich einen Schriftsteller dieses Namens, und dieser habe wirklich ein Werk mit dem angeführten Titel im Drucke erscheinen lassen.

Da ich dieses Werk des mir übrigens wohlbekannten Autors ebenfalls nicht kannte, so machte ich sogleich darauf Bestellungen bei der Universitätsbuchhandlung, welche es mir am 24. Juli einhändigte. Ich übergab es noch am Abende desselben Tages an Anselm Hüttenbrenner und verfügte mich des nächsten Morgens zu ihm, um zu erfahren, welches Ergebnis sich bei der zwischenweiligen Vergleichung der Texte in Druck und Schrift ergeben habe. Hüttenbrenner hatte bereits die von Lorber mit Hinweisung auf die Seiten 5 und 6 angedeutete Stelle im Buche aufgefunden, und ich überzeugte mich selbst, daß sie mit jener in Lorbers Manuskript angeführten wörtlich übereinstimmte, nur daß in letzterem ein paar Wortversetzungen vorkamen. Die übrigen von Lorber angegebenen Stellen, welche auf den Seiten 109, 129 und 136 des Buches angetroffen werden sollten, hatte Hüttenbrenner darin nicht aufgefunden. Und auch bei einer von ihm und mir nun gemeinschaftlich wiederholten Suche vermochten wir dort nichts zu entdecken, was mit dem Texte in Lorbers Schrift von Wort zu Wort übereingestimmt hätte, wohl aber trafen wir dort auf Stellen, welche den nämlichen Geist atmeten, in welchem Lorbers Anführungen geschrieben waren. Es bleibt aber bei dem Umstande, da uns nur die zweite Auflage dieses Werkes zur Hand war, doch noch immer die Möglichkeit nicht ausgeschlossen, daß sich vielleicht in dessen erster Auflage auch diese Stellen wörtlich vorfinden. Jedenfalls beweist die wörtliche Übereinstimmung der auf den Seiten 5 und 6 wirklich im Drucke vorgefundenen Stelle mit jener in der Handschrift Lorbers, daß er sie unter dem Einflusse einer andern Intelligenz als der seinen niedergeschrieben hat — was freilich allen jenen unbegreiflich, ja als Humbug erscheinen muß, welche diesem Beweise menschlicher Erfahrungswissenschaft hartnäckig Ohr und Augen verschließen.

Natur-Evangelien

Anfangs hatte Lorber das, was ihm die innere Stimme mitteilte, stillschweigend niedergeschrieben. Bald begann er aber, das innerlich Vernommene unmittelbar nachzusprechen. Am 25. Juli 1840 teilte mir Anselm Hüttenbrenner nämlich mit, wir sollten nach Weisung der inneren Ansprache Lorbers durch diesen einen Felsen befragen.

Des nächsten Morgens um 8 Uhr fanden wir beide uns samt noch ein paar Eingeweihten mit Lorber auf dem Schloßberge in Graz ein und wählten zu dem erwähnten Zwecke den hinter dem Winzerhause aufsteigenden Fels, auf dessen Höhe die Westseite des Gebäudes steht, auf welchem damals die Feuerlärmkanonen ihren Standort hatten. Lorber stellte sich dem Felsen gegenüber und diktierte uns, die wir ihm alle nachschrieben, etwa eine Viertelstunde lang. Dann wurden wir durch eine zufällige Störung veranlaßt, diese Stelle zu verlassen und unser Geschäft in meiner Wohnung fortzusetzen. — Lorber hatte, während wir auf dem Berge waren, seinen Blick auf den bezeichneten Fels gerichtet; in meiner Wohnung aber sah er wie träumend vor sich hin und diktierte da ohne Unterbrechung und nur selten ein Wort verbessernd mit ziemlich mäßiger Schnelligkeit, so daß ein gewandter Schreiber ihm wohl mit dem Stifte folgen konnte. Nur manchmal beschleunigte er etwas seine Rede. Diese enthielt eine kurze Geschichte der Schöpfung und Entwicklung der Erde, der Erhebung der Berge und insbesondere des bezeichneten Felsen, sowie der Urbewohner des Landes. Als wir gegen 12 Uhr mittags damit zum Schlusse gelangt waren, gestand uns Lorber, er sei anfangs etwas in Besorgnis darüber gewesen, ob dieser Versuch wohl gelingen werde, aber seine innere Stimme habe ihn immer von neuem ermutigt. Auch fügte er bei, er habe beim Diktieren die Stimme nicht wie sonst in seinem Traum vernommen, sondern es sei ihm gewesen, als lese er alles, was er kundzugeben habe, aus dem Felsen heraus, welchen er im Zimmer lebhaft vor sich gesehen, indem er ihn geistig ganz in sich aufgenommen habe.

Vier Tage darnach fuhren wir zum Ursprung der Andritz, eines reinen Forellenbaches, dessen Quellen in der nordöstlich von Graz, damals noch in romantischer Einsamkeit gelegenen Talbucht am Fuße des Schöckelgebirges aus dem Felsengrunde still emporsteigt und zunächst einen von einer halbverfallenen Mauer eingeschlossenen, damals noch von uralten Lindenbäumen beschatteten kleinen, klaren Wassertümpel bildet. Lorber diktierte uns dort, während er mit heiterer Miene auf den ruhigen Spiegel des Gewässers hinblickte, zwei Stunden lang tiefsinnige Eröffnungen über das Entstehen und die Herkunft dieser reinen Quelle und über deren Mitwirkung zu Zwecken der physischen und geistigen Welt. — Und während der Rückfahrt zur Stadt machte er uns dann noch die Mitteilung: die Naturgegenstände, mit welchen er sich in Verbindung setze, stellten sich ihm stets personifiziert dar. — So letzthin der Fels auf dem Schloßberge in der Gestalt eines düstern, ernsten Greises und soeben an diesem Tage die Quelle als eine ruhige, ernste Jungfrau.

Auf diese Art diktierte er uns eine Reihe von Erörterungen über verschiedene Gegenstände, wie Wald, Weinstock, Perlenmuschel, Taube u. dergl., deren Behandlung wir ihm ganz willkürlich im Augenblicke zur Aufgabe machten und welche er auch stets ohne alle Vorbereitung in Angriff nahm. Hiebei stellte sich merkwürdigerweise heraus, daß diese Kundgebungen, so zufällig die Wahl der ihnen zugrunde gelegten Gegenstände auch war, doch zuletzt eine fast systematische Darstellung enthielten, wie das Geistige sich allmählich aus der totscheinenden Materie bis zum Höhepunkte seiner Entwicklung, im Menschen, stetig emporringt. Den Schluß fast jeder dieser Aufsätze machte eine sittliche Lehre, welche in dem voraus behandelten Naturgegenstande gleichsam parabolisch versinnbildlicht erschien, daher Lorber diese Reihe von Kundgebungen in der Folge „Evangelien der Natur“ zu nennen pflegte.

Hellhörer und Seher — nicht mechanisches Schreibmedium

Aus dem bisher Gesagten geht nun hervor, daß Lorber von seinem vierzigsten Lebensjahre an ein höchst merkwürdiges Hörmedium war; als was man ihn jetzt, wo die spiritistische Begabung, wenn auch in viel geringerem Grade, bereits tausendfältig aufgetaucht ist, ohne Zweifel erklären würde. Bemerkenswert dürfte auch sein, daß Lorber die innere Stimme, welche er die des Herrn nannte, stets im Herzen, jene anderer Geister aber im Hinterhaupte zu hören behauptete.

Wiewohl Lorber tausende von Bogen mediumistisch vollschrieb, kann man ihn doch nicht ein eigentliches Schreibmedium nennen, nämlich ein Medium, dem die Hand mechanisch durch eine fremde Intelligenz geführt wird. Er schrieb vielmehr stets selbsttätig nieder, was er von einer fremden Intelligenz ihm eingeflüstert hörte und er wie mit dem Ohre zu vernehmen meinte.

Lorber war aber auch ein Sehmedium. Hiefür lassen sich freilich fast nur seine eigenen Aussagen anführen. Nach den meisten Todesfällen im Kreise unserer Bekannten und Angehörigen erzählte er uns nämlich: er habe die jüngst verstorbene Person gesehen, beschrieb ihr Aussehen, schilderte die Zustände, in welchen sie sich im Jenseits befinde, und entrichtete uns nicht selten Grüße und andere Botschaften.

Namentlich besuchte ihn oftmals ein weiblicher Geist, der mir im Leben sehr teuer war und noch ist*), und ließ mir durch ihn Ratschläge und manchmal auch Warnungen zukommen, die sich in der Folge auch in der Tat als nützlich bewährten. Er beschrieb auch die Gestalt dieses Geistes in einer Weise, daß man aus deren allmählich veredeltem Äußern auch auf die fortschreitende geistige Entwicklung der Seele schließen konnte. Nach Lorbers Darstellung erschien ihm dieser weibliche Geist, etwa ein halbes Jahr nach dem Abscheiden von der Erde, zum ersten Male mit freundlich heiterer Miene in einem langen, hellgrauen Faltenkleide, welches später mit einem purpurnen Saum und einem gleichfarbigen Gürtel um die Mitte des Leibes geschmückt war. Nach dem Verlaufe einiger

*) Leitners früh verstorbene Gattin.

Zeit zeigte sich das Gewand in hellem Blau, dann in reinem Weiß und zuletzt in schneeigem Glanze. Dabei fiel der Erscheinung das offene Haar frei auf den Nacken herab; bei dem Bewegen wurden in den weiten Ärmeln die schön geformten Arme sichtbar, während die entblößten Füße nur wenig aus dem langen Faltenkleide hervortraten.

Bei einer seiner Visionen gewann ich aber meinerseits die volle Überzeugung von der Tatsächlichkeit derselben. Eines Tages erzählte er mir, in der letzten Nacht, bei hellem Mondenscheine, habe er wieder eine Erscheinung gehabt, die mich angehe. Es sei nämlich plötzlich eine alte Dame von ziemlich kleiner und dabei gedrungener Gestalt in einiger Ferne vor seinem Bette gestanden, welche seltsamerweise beide Augen fest geschlossen gehalten und ihn ersucht habe: er möge mich grüßen und mir sagen, ich solle manchmal an sie denken, es tue ihr wohl. — Ich war über diese Mitteilung ebensosehr erstaunt wie erfreut, denn ich erkannte in der Erscheinung sogleich eine teure, kurz vorher verstorbene Anverwandte, die über achtzig Jahre alt und in den letzten Wochen ihres Lebens so schwach in den Augenlidern geworden war, daß sie diese nicht mehr zu erheben vermochte und dadurch so gut wie blind war. Lorber hatte diese greise Dame aber schwerlich jemals gesehen, gewiß aber nicht in ihren letzten Lebensumständen, von denen er gar keine Kenntnis hatte. Seine Schilderung, die mit ihrem tatsächlichen Äußern und ihrem Blindheitszustande auffallend übereinstimmte, lieferte daher für die Identität dieses Geistes mit meiner Anverwandten einen schlagenden Beweis.

Ärztliche Kundgaben

Auch kamen Fälle vor, wo Lorber zwar nicht als eigentliches Heilmedium, das heißt, durch eine von ihm selbst ausgehende Heilkraft, sondern nur als sogenanntes medizinisches Medium heilend wirkte, daß er nämlich das von Geistern angeordnete Heilverfahren kundgab, dessen Anwendung dann manchmal von geringem, manchmal aber auch von überraschend günstigem Erfolge begleitet war.

So übermittelte er mir am 19. Mai 1852, als ich wie seit einer Reihe von Jahren wieder in das Wildbad Gastein zur Kur abreisen wollte, eine Weisung von Seite jenes liebreich besorgten Geistes, dessen ich zuerst erwähnte. Sie lautete dahin, ich solle in diesem Jahre nur sieben Bäder von nicht längerer Dauer als von höchstens zwölf Minuten nehmen. Die ersten Bäder bekamen mir aber so gut und ich befand mich nach dem siebenten Bade so ausnehmend wohl, daß ich, die erhaltene Mahnung nicht achtend, meinte, es sei doch schade, die in diesem Jahre so trefflich zusagende Badekur vorschnell und, abgesehen von jener unverbürgten Mahnung, ganz ohne Grund abzubrechen. Ich setzte dieselbe also fort. Das achte Bad schien schon weniger gut anzuschlagen, und nach dem neunten bekam ich Eingenommenheit des Kopfes und Schmerzen in den Zähnen, verlor Schlaf und Appetit und fühlte mich im ganzen so unwohl, daß ich den Badearzt Dr. von Hönigsberg zu Rate zu ziehen für nötig fand. Dieser untersuchte meinen Zustand und verordnete, daß ich den Gebrauch des Bades ein paar Tage lang aussetzen und dann wieder kommen soll. Ich tat, wie er mir geraten hatte, und stellte mich dann wieder bei ihm ein. Er wiederholte seine Untersuchung und sagte darauf: „Gehen Sie nicht mehr in das Bad. Sie haben für dieses Jahr genug. Ihre Natur ist gesättigt.“ Ich befolgte seinen Rat, atmete noch einige Tage die herrliche Alpenluft, reiste dann ab und genas das nächste Jahr hindurch der besten Gesundheit, als hätte ich wie gewöhnlich meine ganze Badekur pünktlich durchgemacht. In den darauf folgenden zwei oder drei Sommern nahm ich in den berühmten Quellen wieder meine üblichen 21 bis 25 Bäder mit dem besten Erfolge. In einem der späteren Jahre erhielt ich durch Lorber wieder die Geistervorschrift, in diesem Jahre nur neun Bäder zu nehmen. Allein das behagliche Gefühl erhöhter Lebenskraft, welches sich nach den gestatteten neun Bädern eingestellt hatte, war so groß, daß ich Schwachgläubiger mich dadurch neuerlich zur Fortsetzung des Badegebrauches verleiten ließ — leider mit dem gleichen Mißerfolge wie im ersten Falle. Nach dem elften Bade fanden sich nämlich wieder alle jene Übelstände ein, welche damals hervorgetreten waren, und der Badearzt verbot mir auch dieses Mal, meine Natur noch ferner mit dem Gasteiner Agens zu überladen. Die elf Bäder äußerten aber das folgende Jahr über dieselbe gedeihliche Nachwirkung wie sonst der gewohnte dreiwöchentliche Kurgebrauch.

Ein anderes Mal litt ich längere Zeit an einer Nervenschwäche, welche nicht nur meine körperliche Integrität angriff, sondern auch mein Gemüt niederdrückte und selbst meine geistigen Funktionen benachteiligte, indem eine gewisse Zweifelsucht und Ängstlichkeit mich in der Führung meiner Privat- und Amtsgeschäfte in peinlicher Weise hinderte und beeinträchtigte. Lorber, hierüber um Rat ersucht, erhielt hierauf durch seine innere Stimme folgendes Heilmittel für mich: „Nimm roten, ungerichteten (Natur-)Wein und Olivenöl, das rein ist, und reibe dir damit morgens und abends die Brust, den Rücken, das Genick, am Abend aber auch das Haupt und ganz besonders die Schläfen im Glauben und Vertrauen auf den Herrn ein; doch sollst du in dieser Zeit dich vom Kaffee und schlechten Weine enthalten." Nachdem ich dieses Heilmittel vier oder fünf Tage lang angewendet hatte, fühlte ich mich an Leib und Seele wieder so gekräftigt, daß ich bei wiedergewonnener Heiterkeit, Entschlossenheit und Tatkraft allen meinen Obliegenheiten mit gehobenem Mute wieder wie sonst entsprechen konnte. Die gleich günstige Wirkung äußerte diese, wie Lorber sie fernerhin nannte, „evangelische Salbe" auch später zu wiederholten Malen, wenn ich sie in langen Zwischenräumen gegen ähnliche Rückfälle oder beim Eintritte lediglich körperlicher Schwächezustände an einem vor Jahren verletzten Fuße in Anwendung brachte. Zur Steuer der Wahrheit muß ich hier beifügen, daß ein anderes Heilmittel, welches er mir für dieses Fußübel empfahl, entweder wegen der zu starken Dosis der angeordneten Medikamente oder wegen der von mir zu heftigen Anwendung desselben, ungünstig wirkte.

Materialisation

Endlich ereignete sich auch ein Fall, welcher vermuten läßt, daß Lorber auch die Befähigung gehabt habe, sich zum Materialisations-Medium, wie man dies neuestens nennt, auszubilden. — Er bewohnte damals ein Zimmer zu ebener Erde in der Wickenburggasse, in welchem sein Schreibtisch unmittelbar an dem Fenster stand, in dessen Nähe sich rechts die Eingangstüre befand. Eines Tages, so erzählte er mir, als er eben am Tische saß und schrieb, stand plötzlich ihm zur Seite rechts zwischen Tisch und Tür eine weibliche Gestalt in der damals gewöhnlichen Kleidertracht und lächelte ihn, als er von der Feder aufsah, freundlich und gleichsam erfreut an, wie jemand, dem eine beabsichtigte Überraschung geglückt ist. Er erkannte in dieser Gestalt seine ehemalige Schülerin R., ein junges Mädchen, welches von ihm Unterricht im Gesang genommen und sich als Sängerin der Bühne gewidmet hatte, vor einiger Zeit aber gestorben war. Als sie die Miene des Erstaunens, mit der er sie anstarrte, bemerkte, sagte sie: „Ja, ja, ich bin's! Faß' mich nur an!" Und als er damit zögerte, wiederholte sie ihre Aufforderung dringend: „Nun, so faß' mich nur an!" — Als Lorber ihr hierauf endlich Folge leistete, fühlte er tatsächlich den elastischen Widerstand eines menschlichen Körpers; aber als er diesen kaum wieder losgelassen hatte, war die ganze Gestalt auch plötzlich verschwunden.

Ich war über diese Erzählung ganz verblüfft, getraute mich aber nicht, dem Erzähler, der dazu selbst eine geheimnisvolle Miene der Verwunderung machte, etwas dagegen einzuwenden und ließ die ganze Sache, die ich mehr für eine Sinnestäuschung als für eine wirkliche Tatsache anzusehen geneigt war, stillschweigend auf sich beruhen, indem ich wohl wußte, daß Lorber durch jeden Zweifel, den man in seine Worte setzte, sich gekränkt fühlte. Erst in der neuesten Zeit, als von allen Seiten, zumal aus England und Amerika, häufige Nachrichten von tastbaren, plastischen Geistererscheinungen einliefen und berühmte Gelehrte nicht nur aus eigenen Ländern, sondern auch in Deutschland für deren Wirklichkeit Zeugnis ablegten, erinnerte ich mich wieder jener Erzählung Lorbers, und sie gewann in meinen Augen nun um so mehr an Bedeutung, als der Gegenstand derselben durch die jetzigen, gleichartigen Phänomene auffallend bestätigt und zugleich dargetan wurde, daß für Jakob Lorber auch in dieser Art der Mediumschaft der Vorrang der Priorität in Anspruch genommen werden kann.

*

Indem ich hiermit meinen gewissenhaft erstatteten Bericht über Jakob Lorbers Leben und dessen außerordentliche Begabung abschließe, bin ich mir recht gut bewußt, daß die in der stoffgläubigen Weltanschauung der Gegenwart Befangenen meinen Freund Lorber sowie mich, seinen Biographen, wenn nicht geradezu als Betrüger, so doch als von arger Selbsttäuschung Betrogene ansehen und als solche, je nach ihrer Charakteranlage, verspotten oder bemitleiden werden. Die Wohlwollenden unter ihnen werden mich, den beinahe Neunzigjährigen, vielleicht damit zu entschuldigen suchen, mein hohes Alter habe mein Auffassungs- und Beurteilungsvermögen so bedeutend geschwächt, daß ich für die oben erzählten Abenteuerlichkeiten als Zeuge aufzutreten vermochte. Diesen milden Richtern gebe ich aber zu bedenken, daß das von mir hier Berichtete in die Zeit zwischen mein 40. und 64. Lebensjahr fällt, somit in eine Zeit, in welcher die Geisteskräfte des Menschen in der Regel noch nicht bis zur Unzurechnungsfähigkeit abzunehmen pflegen. Es war mir in jenen Jahrzehnten die Verwaltung verschiedener öffentlicher Ämter anvertraut, und ich habe damals auch einige schriftstellerische Arbeiten veröffentlicht.

Anhang

I.

Beglaubigte Mitteilungen nach schriftlichen Aufzeichnungen einer Zeitgenossin

Man hat eine Menge merkwürdiger Berichte über Jakob Lorber, deren Übereinstimmung mit der Wahrheit mehr oder weniger festgestellt ist. Mehrere von diesen fallen wirklich in das Gebiet des Wunderbaren und Übernatürlichen. Hier will ich einige Episoden aus dem Leben Lorbers folgen lassen, damit die Menschen sehen, wie der gute Vater im Himmel die Seinen beschützt, leitet und führt.

Nicht einsam und freudlos ging Lorber durchs Leben; denn er hatte Anhänger aus den besten Familien. Dieselben haben ihn in seinem göttlichen Schreiben auch bewacht und streng geprüft, was für die Nachkommen besonders gut war. Denn nun darf niemand sagen, daß die Worte, die zu ansehnlichen Werken wurden, nicht göttlichen Ursprungs sind. Seine besten Freunde und treuen Anhänger waren die Herren Dr. Justinus Kerner; Dr. Ch. F. Zimpel; der Bürgermeister von Graz, Andreas Hüttenbrenner; dessen Bruder, der Komponist Anselm Hüttenbrenner; der Dichter und steirische Ständesekretär Karl Gottfried Ritter von Leitner; Dr. Anton Kammerhuber; Leopold Cantily, Apotheker in Graz, sowie mehrere andere, darunter war auch eine hochgeschätzte Dame, die Grazer Hausbesitzerin Frau Antonia Großheim, von welcher die nachfolgenden kurzen Geschichten mir persönlich überliefert wurden.

Meistens haben sich die Obgenannten zur Schreibzeit bei Lorber eingefunden und ihn dabei genau beobachtet. Denn besonders die Frau Großheim war nicht leichtgläubig, weshalb sie genau und strenge bisweilen selbst in Lorbers Tischlade und Kasten Nachschau hielt, ob er nicht Bücher oder Schriften zur Verfügung halte. Aber er hatte keine Hilfsquellen. Sein einziges Buch, das er ständig zur Hand hatte, war die Bibel.

Wenn er ein Heft ausgeschrieben hatte, was oft mitten im Satze der Fall war, so nahm der eine oder der andere Freund das Heft mit, um es durchzulesen. Wenn dann des andern Tages der Schreiber das nächste Heft benützte, so fing der Wortlaut genau dort an, wo das frühere Heft geendet hatte, so daß keine Störung im Satzgebilde vorkam.

Als Lorber schon mehrere Hefte vollgeschrieben hatte, erhielt auch ein gewisser Johannes Busch, nachmaliger Herausgeber und Begründer des jetzigen Lorber-Verlages, Nachricht von den Werken, die Lorber niedergeschrieben hat. Busch kam, um Lorber persönlich kennenzulernen, nach Graz. Er glaubte schon nach dem Gehörten und Gelesenen an die Echtheit der Schriften. Und als er in Graz ankam und die Wohnung Lorbers erfragt hatte, da warf er sich schon vor der Türe Lorbers auf die Knie und betete und seufzte. — Lorber, der gerade in der Bibel las, horchte auf. Und als das Geseufze kein Ende nahm, machte er die Türe auf und war natürlich ganz erstaunt, einen fremden Mann vor seiner Türe knien zu sehen und seufzen zu hören — und frug ihn: „Was ist denn das? Was soll das heißen? Stehen Sie auf und sagen Sie mir, was Sie da tun und wollen!“ — Da sagte Busch: „Sind Sie der heilige Prophet Lorber, der die schönen Worte schreibt?“ — Da antwortete Lorber mit Bescheidenheit: „Der Lorber bin ich wohl, aber ein „heiliger“ Mann bin ich nicht. — Kommen Sie herein, dann können wir ungestört über die Worte sprechen, und Sie können zugegen sein, wenn ich vom Herrn zum Schreiben berufen werde.“

Lorber hatte es an sich, daß er, wenn er in der Erregung sprach oder fragte, besonders das erste Wort hervorstotterte; sonst aber stotterte er nicht. Die beiden, Lorber und Busch, besprachen sich hierauf lange und öfter miteinander. Und Busch erbot sich dann, die Schriften drucken zu lassen, was er auch getan hat. Er war also der Begründer des jetzt in Bietigheim (Württemberg) bestehenden Verlages für Lorbers Werke, und es befinden sich dortselbst die später dorthin geschafften Urschriften Lorbers wohlverwahrt.

Es war mit der Zeit trotz aller Vorsicht doch unter die Leute gekommen, daß Lorber geheimnisvolle Sachen schreibe, und es wurde ihm mit der Polizei gedroht. Da hat nun wieder Frau Großheim eingegriffen und geholfen. Es wurden die Hefte in mehrere Säcke gepackt und in der Holzlage der Frau Großheim hinter dem Holz so lange verborgen gehalten, bis das Gerede verstummte. Als das der Fall war, wanderten die Hefte wieder zum Schreiber.

Lorber bemeisterte die Violine in freier Komposition. Wenn er zum Spielen angeregt wurde, da kam es oft vor, daß er dabei seiner Liebe zum Herrn freien Lauf ließ, was in dem wunderbaren Violinspiel derart zum Ausdruck kam, daß nicht nur ihm die Tränen über die Wangen liefen und sein Gesicht ganz glänzend wurde, sondern auch die Zuhörer so ergriffen waren, daß sie weinen mußten vor Liebe und Glück.

Lorber war von seinem Vater aus nicht ganz arm. Er hatte ein Vermögen von 12 000 Gulden, was zur damaligen Zeit ein großes Vermögen war, geerbt. Aber bald war er dieses Besitzes entledigt und irdisch so arm, daß er nie Geld hatte; denn sein Erbe borgte er seinem Bruder auf Nimmerwiedersehen. Und wenn er sich etwas verdiente, so fand sein Geld bei Armen schnellen Absatz.

So hatte er einst 30 Kreuzer in einer Schachtel in der Tasche, als er gerade seinem Berufe zufolge zu einem Abendkonzert ging. Da begegnete ihm ein reisender Handwerksbursche und bat ihn um eine kleine Gabe. Er gab demselben sein ganzes Geld. Und als er nach Hause kam — fand er in der Schachtel die 30 Kreuzer wieder!

Wie oft ist es vorgekommen, daß er zur Frau Großheim kam und sagte: „Liebe Großheim, ich habe heute noch nichts gegessen!“ Da machte sie schnell Feuer, kochte ihm eine Suppe, damit er doch etwas Warmes in den Magen brachte. Und wenn sie es hatte, gab sie ihm auch Brot dazu.

Frau Großheim stand in brieflichem Verkehr mit einem Herrn Krapohl, der früher in J. lebte. Durch ihn wurde sie mit dem Pfarrer aus J. in brieflichen Verkehr gebracht, und derselbe wollte sie, angeregt durch ihr geistiges Wissen, kennenlernen, kam nach Graz, suchte sie auf und wurde durch sie auch mit Lorber bekannt ebenso auch mit einem Grazer Israeliten, der öfter zur Großheim kam und dem sie auch von den Schriften Lorbers viel erzählte.

Eines Tages kamen wieder alle drei — nämlich Lorber, der Herr Pfarrer und der Israelit — bei der Schwester Großheim zusammen, und da kam die Sache auf die diktierten Schriften, und Lorber erzählte viel aus denselben. Da sagte der Pfarrer: „Mann, Sie sind ein Erwählter Gottes, Sie sind ein Prophet!" Auch der Israelit stimmte bei. Da fielen sich alle drei in die Arme, umschlangen sich und wurden gute Freunde. Nun mußte Lorber erzählen vom Anfang seiner Berufung bis zur selben Zeit. Alle weinten Freudentränen und dankten dem Herrn, daß sie sich gefunden hatten. Der Israelit hatte das Herz so voll, daß er vor seinen Glaubensgenossen nicht schweigen konnte. Diese haßten ihn darum, daß er abgefallen war. Der Herr Pfarrer aber wurde später Beichtvater einer weltbekannten Persönlichkeit.

Einst kam ein vornehmer Herr zu Lorber und machte ihm Vorwürfe, daß er sich als im Verkehr mit dem Herrn stehend ausgebe und gab ihm, dem Lorber, ein oder zwei Ohrfeigen; dann ging er fort. Er ging, als er Lorber verlassen hatte, in eine Mühle, und dort — wurde ihm die rechte Hand abgerissen. — Ein andermal kam auch ein Mann zu Lorber und sagte höhnisch: „Sie sagen, daß Sie ein Prophet sind?! Jetzt gehe ich gleich und werde Sie bei der Polizei anzeigen!" Der Mann ging in die Raubergasse (dort war früher der Sitz der Polizei), wurde aber auf der Gasse vom Schlage getroffen und war sogleich tot.

Auch Lorber hat einmal mit dem Herrn gehadert. Das war so: Der Winter war vor der Tür, und es war schon empfindlich kalt, und Lorber hatte, wie so oft, kein Geld, um Holz zu kaufen. Die Finger waren ihm ganz steif. Da sagte er: „Herr, wenn Du willst, daß ich schreiben soll, so mußt Du mir auch Holz verschaffen; denn bei der Kälte kann ich nicht schreiben." Er legte die Feder weg und schrieb nicht. — Da pochte es an der Türe. Lorber ging und öffnete, um nachzusehen, wer es sei. Da stand ein Bauer draußen und sagte: „San Sie der Herr Lorber?" — „Ja, der bin ich." — „'s Holz ist do!" — „Was denn für Holz?" — „Dos, wos ich doher bringen sull. Wo soll i's denn oloden?" — „Ich habe ja keines bestellt!" — „Na, wenn Sie der Herr Lorber san, der auf dem Zettel steht, dann g'hört's Holz do her, und wenn Sie's net woll'n, so führ' i's wied'r ham." — Lorber sah den Zettel an, und da die Adresse recht war, so sagte er: „Na, in Gottes Namen, laden Sie es ab!" — Lorber sagte ihm, wo er abladen solle und hatte dann Holz für den Winter, so daß er wieder schreiben konnte. Durch Nachfragen erfuhr er, daß ihm dasselbe sein Freund und Gönner Ritter von Leitner gesandt hatte.

Nachstehend nun noch ein Brief Lorbers an den bereits genannten Johannes Busch vom Jahre 1855, welcher über Lorbers Seelenleben beredten Aufschluß gibt.

Nach geschäftlichen Mitteilungen ergreift der Herr das Wort und diktiert durch die Hand Lorbers: „Mein lieber Freund, du suchst Mich, weil du Mich lieb hast; und ein leichtes ist es darum dir, Mein Gebot der Liebe lebendig wirksam zu befolgen.

Siehe, die Menschen erfinden nun allerlei und glauben auch allerlei. Und Menschen, die recht viel erfunden haben, glauben am Ende an gar nichts mehr — außer an das, was sie erfunden haben und welch möglich größten Gewinn es ihnen abwirft! Das sind Kinder der Welt, die in manchem oft klüger sind als die Kinder des Lichtes!

Aber Meinen wahren Herzenskindern gebe ich dennoch ganz andere Dinge, von denen den klugen Weltkindern nie etwas in ihren verdorbenen Sinn kommen wird! — Siehe! Mein Knecht (Lorber) ist wahrlich Mir zulieb arm; denn er könnte sehr reich sein, da er als Tonkünstler auch durch Meine Gnade die besten Fähigkeiten dazu besitzt. Aber er schlug Anstellungen und sehr vorteilhafte Anträge aus — alles aus großer Liebe zu Mir. Und hat er 2 Gulden Geldes, so begnügt er sich mit 40 Kreuzern und 1 Gulden 60 Kreuzer verteilt er unter die Armen.

Darum aber habe Ich ihm auch alle Schätze der Himmel eröffnet. Jeder noch so weit entfernte Stern ist ihm so bekannt wie diese Erde. Er kann mit dem Auge seines Geistes jene beschauen und bewundern nach Herzenslust; aber ihn kümmert nun derlei wenig, weil Ich allein ihm alles in allem bin!

Und siehe, das ist der allein richtige Weg zu Meinem Herzen!

Der reiche Jüngling im Evangelium beachtete gerne das Gesetz von Kindheit an und sollte dadurch auch das ewige Leben haben. Aber es kam ihm vor, als hätte er solches noch nicht. Er kam darum zu Mir und fragte, was er tun solle, um das ewige Leben zu erreichen. Und Ich sagte: „Halte die Gebote!" Er aber beteuerte, solches von Kindheit an getan zu haben! — Darauf sagte

Ich: „Willst du mehr, so verkaufe deine Güter, verteile den Erlös unter die Armen, dann komme und folge Mir, und des Himmels Schätze werden dir zu Gebote stehen!" — Siehe, dies sage Ich aber jedem nun: „Wer von Mir vieles haben will, der muß Mir auch vieles opfern — wer aber alles haben will, nämlich Mich selbst, der muß Mir auch alles opfern, auf daß wir eins werden."

Du aber hast Mir schon vieles geopfert und sollst darum auch vieles bekommen!

Die reine, uneigennützige Liebe aber ist vor Mir das Höchste! Dies Wenige, Freund, zu deinem Troste. Amen."

Nachschrift Lorbers: „O Freund! Auf diese Worte muß ich verstummen!

J. Lorber."

II.

Karl Gottfried v. Leitner

Der Verfasser der in diesem Büchlein wiedergegebenen ausführlichen Lebensbeschreibung Jakob Lorbers ist der deutschösterreichische Dichter Karl Gottfried Ritter v. Leitner, der mit Lorber nahezu ein Vierteljahrhundert hindurch freundschaftlich verkehrte.

Da heute Leitners Name, obgleich er einst unter den hervorragendsten deutschen Poeten Österreichs ehrenvoll genannt wurde, unbekannt, und der Dichter leider in Vergessenheit geraten ist, mag eine kurze Darlegung seines Lebenslaufes hier ihre Stelle finden. Eine solche Schilderung erscheint für die Leser seiner Lebensbeschreibung Lorbers um so notwendiger, als sie damit zugleich den edlen Charakter des Dichters kennenlernen, dem neben seinen idealen Schöpfungen die Wahrheit als höchstes erstrebenswertes Ziel galt.

Karl Gottfried Ritter von Leitner, der Abkömmling eines seit dem 17. Jahrhundert durch den rittermäßigen Adel ausgezeichneten Geschlechts, war am 18. November 1800, im selben Jahr wie Lorber, zu Graz als Sohn eines landständischen Rechnungsrates geboren, der auch literarisch hervortrat. Schon 1805 starb aber der Vater, und die Mutter vermählte sich 1807 zum zweiten Mal.

Leitner vollendete die Gymnasialstudien zu Graz und wandte sich dem Studium der Rechte zu, zeigte aber besondere Vorliebe für die Geschichte der heimatlichen Steiermark und wollte daher sich in der Folge dem Lehrberuf auf diesem Gebiet widmen. Er bekleidete auch tatsächlich schon 1824 und 1825 provisorische Lehrstellen an den Gymnasien zu Cilli und Graz. Da er aber inzwischen Gedichte und Novellen veröffentlicht hatte, die von besonderer Begabung zeugten, wurden angesehene heimische Dichter und Gelehrte, wie insbesondere Johann v. Kalchberg und der Orientalist Hammer-Purgstall, auf ihn aufmerksam und, durch diese Persönlichkeiten gefördert, kam Leitner in den Dienst der steiermärkischen Stände.

Er wurde 1835 zweiter und 1837 erster ständischer Sekretär und trat 1854 als solcher wegen seiner angegriffenen Gesundheit in den Ruhestand.

Erst 1846 vermählt, traf ihn schon 1854 das Unglück, seine geliebte Gattin Karoline zu verlieren, mit der er eine Reise nach Italien unternommen hatte, auf der sie in Pisa plötzlich starb.

Erzherzog Johann, der so hoch verehrte Förderer jedes Kulturfortschrittes in Steiermark, ernannte Leitner 1858 zu einem der drei Kuratorien des von dem Erzherzog in Graz gegründeten berühmten Joanneums.

Leitner hat in seinen Mannesjahren verschiedene Reisen in Österreich und nach fremden Ländern unternommen, seinen Wohnsitz aber stets in Graz beibehalten. Er stand mit geistig hochbedeutenden Persönlichkeiten Österreichs, zumal des nicht fernen Wien, das er selbst häufig besuchte, in Verbindung. So insbesondere auch mit den Dichtern J. G. Seidl, Anastasius Grün (Graf Auersperg) und Grillparzer, der den Steirer Poeten überaus hoch schätzte und in Graz einigemal besuchte.

Leitners Gedichte und novellistische Arbeiten sind in Zeitschriften und den damals üblichen Taschenbüchern seit 1820 erschienen. Im Jahre 1825 gab er eine Sammlung Gedichte in Wien heraus, welcher im Jahre 1857 die zweite, fast um das dreifache vermehrte Auflage folgte. Einen Band anmutiger Poesien brachte er im Jahre 1870 unter dem Titel „Herbstblumen“ (Stuttgart) und sein letztes Buch „Novellen und Gedichte“ (Wien) im Jahre 1880 heraus. Ein Drama: „König Tordo“ kam 1830 in Graz zur mit Beifall aufgenommenen Aufführung; auch andere dramatische Dichtungen hat er verfaßt. Ebenso sind von ihm historische, topographische und biographische Arbeiten veröffentlicht worden, vor allem eine vortreffliche Biographie Erzherzog Johanns im Jahre 1860.

Die größte Bedeutung aber hat Leitner als lyrischer und epischer Dichter erlangt. Seine zarten, innigen Lieder zählen zu den schönsten der zeitgenössischen österreichischen Poeten, desgleichen seine Balladen und erzählenden Dichtungen. Innigkeit und Gedankentiefe vereinigen sich in Leitners Gedichten mit anmutiger Form. Bis in die letzten Tage seines langen Lebens hat der Dichter das poetische Schaffen fortgesetzt.

Eine umfassende Auswahl der schönsten seiner Gedichte, mit Einbeziehung des Nachlasses und einer größeren biographischen Einleitung, hat Reclams Universalbibliothek (Nr. 5091—5093) im Jahre 1909 herausgegeben. Eine besonders ausführliche Lebensbeschreibung des Dichters, die auch seiner Beziehungen zu Jakob Lorber gedenkt, ist im 51. Band der „Allgemeinen deutschen Biographie“ (Leipzig 1906) enthalten. Biographien Leitners finden sich auch in Goedekes „Grundriß der deutschen Dichtung“, in den „Mitteilungen des historischen Vereines für Steiermark“ (von Franz Ilwof verfaßt) und in anderen literarhistorischen Werken.

Leitner ist im 90. Lebensjahr 1890 in Graz gestorben.

In welcher Weise der Dichter mit Jakob Lorber bekannt wurde und wie er ihn schätzte, geht aus der hier vorgelegten Lebensbeschreibung dieses denk- und verehrungswürdigen Mannes hervor.

Leitner hat Material für ein biographisches Sammelwerk streirischer Dichter, Künstler und Gelehrter lange Jahre hindurch gesammelt und manches davon auch ausgearbeitet. So genau und umfassend aber wie das Lebensbild Lorbers ist keine dieser Arbeiten von ihm ausgeführt worden. Leitner hat Lorbers Lebensbild etwa in seinem 84. Lebensjahr niedergeschrieben. Der Inhalt entspricht bei der Wahrheitsliebe des greisen Verfassers in jeder Zeile genau dessen klaren und unbeeinflußten Beobachtungen.

Karl Gottfried Ritter v. Leitners eigene religiöse Überzeugung geht am besten aus einem Brief hervor, den er am 28. April 1889 an einen Verwandten gerichtet hat und der hier gleichfalls zum ersten Mal im Auszug mitgeteilt wird, da dieses Schreiben, ohne ihn namentlich anzuführen, doch auch Lorbers gedenkt und auf dessen Persönlichkeit hinweist:

„Die Religion ist“, so führt Leitner in dem Brief aus, „weit mehr die Sache des Herzens als des Kopfes; denn es ist uns ja gesagt: Gott ist die Liebe. Die Lehre und die zwei Gebote: ‚Liebe Gott über alles und den Nebenmenschen wie dich selbst!‘, sind die Grundlagen alles Christentums. Das letzte Gebot befolgt auch die rationelle Humanität der Neuzeit, aber sie will von Dem nichts wissen, den sie über alles lieben soll; darum ruht auf ihren Schöpfungen kein wahrer Segen. Ich bekenne mich seit 40 Jahren zu einer Richtung christlichen Wesens, welche den obigen Grundlehren entspricht, denen alle äußeren Zeremonien unwesentlich sind.

Ich wurde in diese die meisten Rätsel des Lebens lösende Weltanschauung vor 48 Jahren durch einen Freund eingeführt, einen einfachen, Gott liebenden und suchenden Mann, welchem damals die Gnade zuteil wurde, vom Herrn selbst durch eine in seinem Herzen ertönende Einsprache Kundgebungen zu erhalten, die er 24 Jahre lang wörtlich niederschrieb, bis er im Jahre 1864 aus der Zeitlichkeit abberufen wurde. Während dieser ganzen Zeit war ich beobachtender Zeuge dieses außerordentlichen Ereignisses. Seither erschienen alle diese zahlreichen Schriften, größtenteils nach dem Tode des Sehers, durch fremde Herausgeber im Druck. — Alle diese neutheosophischen Schriften bezwecken nur, das Urchristentum wieder, und zwar unserer vorgeschrittenen Bildung gemäß, zu erneuern.

Du wirst für hier und dort recht und genug getan haben, wenn Du an dem Glauben an Jesus Christus dem Herrn festhältst, ihn über alles, Deinen Nächsten aber wie Dich selbst liebst. Denn in diesen zwei Geboten ist, wie der Evangelist schreibt, das Ganze gesetzt und sind alle Propheten enthalten.“

Soweit Leitners Brief, dessen übrige Mitteilungen an dieser Stelle weiter keine besondere Bedeutung haben. Die religiöse Denkweise des Dichters ergibt sich aus den wörtlich angeführten Stellen klar und deutlich.

III.

Verlag und Verbreitung der Lorberwerke
Kurze Verlagsgeschichte

Der erste Wegbereiter, welcher der Neuoffenbarung die Bahn in die Öffentlichkeit erschloß, war der bekannte Arzt und Schriftsteller Dr. Justinus Kerner, Weinsberg. Dieser unerschrockene Vorkämpfer der Geistlehre und Verfasser des heute noch bedeutsamen Buches „Die Seherin von Prevorst" hatte damals schon einen bedeutenden Namen. Er wurde von Freunden der Lorberschriften auf diese Kundgaben aus der geistigen Welt aufmerksam gemacht, und der Eindruck, den er von dem hohen Wahrheitsgehalt hatte, bewog ihn, den Druck der zwei kleinen Schriften Jakob Lorbers, „Briefwechsel Jesu mit Abgarus" und „Brief Pauli an Laodizea" im Verlag von J. Landherr, Heilbronn, im Jahre 1851 zu veranlassen. Justinus Kerner ist es auch, der den bekannten Arzt, Theosophen und Schriftsteller Dr. Zimpel gewann, sich für die Sache zu interessieren.

Dr. Zimpel reiste ums Jahr 1850 eigens nach Graz, um Lorber aufzusuchen, beobachtete ihn mehrere Monate lang selbst und gab dann dessen erste Hauptwerke: „Die Haushaltung Gottes", „Die Jugend Jesu" und „Der Mond", im Verlag von E. Schweizerbart, Stuttgart, in Druck. In einem Nachwort zur „Haushaltung Gottes" sagt Dr. Zimpel, als ein Augenzeuge, zur wahrheitsgetreuen Charakterisierung Jakob Lorbers: „Dieser harmlose, stille, fromme Mann ohne eigentliche wissenschaftliche Bildung hat ein vortreffliches Herz und teilt mit allen, die noch bedürftiger sind als er selbst, seine geringe Habe, die ohnehin eigentlich mehr in Almosen besteht, die er von einigen Freunden empfängt; ja er entblößt sich in solchem Grade, daß ihn der Weltverstand für unbesonnen erklären würde."

Die von Dr. Zimpel herausgegebene „Jugend Jesu" wurde jedoch bald durch die behördliche Zensur, die unter starkem kirchlichen Einfluß stand, beschlagnahmt und vernichtet, und zwar, wie aus dem Nachwort der zweiten Auflage dieses Buches (herausgegeben 1869 durch Karl August Schöbel, Roßarzt in Söbringen bei Pillnitz) zu ersehen ist, „allein nur wegen der Vorrede des Herausgebers dieses Evangeliums."

Durch die bis dahin veröffentlichten Lorberschriften wurde Johannes Busch in Dresden ein eifriger Freund der Neuoffenbarung. Er suchte, begeistert von diesen Gnadengaben, lange nach einem geeigneten Verleger, da Lorber selbst in den engen, geistig bedrückten Verhältnissen seiner katholischen steiermärkischen Heimat keine Schritte tun konnte. Da aber Busch auch in Deutschland niemand finden konnte, der sich mit Verständnis und Liebe der Schriften annahm, so entschloß er sich, mit Gottes Hilfe selbst die Sache in die Hand zu nehmen. In den Jahren 1855—1876 konnte er unter großen Opfern an Zeit und Geld die meisten, bedeutenderen Lorberschriften herausgeben. — Hauptsächlich während der ersten Drucklegung des Johanneswerkes war J. Busch dabei freilich oft in großen Geldnöten. Hier erwies sich ein Freund der Lorberwerke, G. Mayerhofer in Triest, immer wieder als besonders tatkräftiger Förderer.

J. Buschs Hoffen und Streben war, die Drucklegung des ganzen Johanneswerkes vollenden zu können, um dadurch dieses größte Werk der Menschheit zu erschließen. Und im März 1877 konnte er, als beinahe 84jähriger Greis, diese große Arbeit beenden. Mit einer Mayerhoferschen Nachsendung von 50,— Mark wurde der Buchdrucker bezahlt, „wonach dann aber auch", so schreibt Busch am 9. März 1877 an den getreuen Freund in Triest, „der Rest meiner Druckkasse nur noch in 1,80 Mark besteht."

Kurz nach diesem Abschluß und Briefwechsel erfolgte der plötzliche Tod G. Mayerhofers am Karfreitag, dem 30. März 1877. — Zwei Jahre später, 1879, folgte auch der treue Verwalter und

Verleger J. Busch dem vorangegangenen Freunde in die ewige Heimat.

Nach Buschs Tod wurde sein verlegerischer Nachlaß auf wiederholtes, ernstes Drängen zahlreicher Freunde durch Christoph Friedrich Landbeck, Bietigheim, erworben, der mit Gottfried Mayerhofer durch jahrelange Geistesfreundschaft verbunden und durch ihn mit Lorber bekannt geworden war. Die Restbestände des Busch'schen Verlags vereinigte er in Bietigheim mit den aus Triest eingetroffenen Mayerhoferschen Schriften und betrieb nun mit der ihm eigenen unerschütterlichen schwäbischen Zähigkeit und Tatkraft von seinem elterlichen Anwesen in Bietigheim aus die Herausgabe der Offenbarungsschriften, auch der bis dahin noch ungedruckten.

C. F. Landbeck setzte seine ganze Zeit und Kraft sowie sein ganzes irdisches Vermögen daran. Durch seine eigene Begeisterung wußte er andere Herzen zu gewinnen und die Mittel zu beschaffen. Er war Verleger, Korrektor, Organisator, Wanderbote — alles in einer Person. Und nur so — da er sich durch sein Inneres leiten, von außen aber nicht zuviel dreinreden ließ, gelang es, die Neuoffenbarung über die Zeitstürme der damaligen, materialistisch und ungläubig gesinnten Welt hinüberzuretten.

1908 holte C. F. Landbeck den damals achtzehnjährigen Otto Zluhan in den Verlag, mit dessen Familie er freundschaftlich verbunden war, und der sein späterer Nachfolger wurde.

Am Himmelfahrtstag 1921 durfte C. F. Landbeck, dieser seltene Mensch und Verleger, in die geistige Welt heimkehren.

Bis in die erste Zeit dieses Jahrhunderts war die Ausbreitung der Neuoffenbarung besonders durch die ablehnende Haltung der Kirchen äußerst erschwert. Erst als der Geist allmählich etwas freier und selbständiger wurde, wuchs auch das Verständnis für das Lorberwerk.

1924 konnte Dr. Walter Lutz als ständiger Mitarbeiter gewonnen werden. Ein besonderes Verdienst hat sich Dr. Lutz mit dem ersten umfassenden Kommentar zum Schrifttum Jakob Lorbers „Die Grundfragen des Lebens“ erworben.

In den Jahren 1935/36 konnte der Verlag das geistige Tagebuch Jakob Lorbers unter dem Titel „Himmelsgaben“ in zwei Bänden herausgeben; ein dritter Band erschien 1993. Damit sind die gesamten Manuskripte Jakob Lorbers veröffentlicht, ein Monumentalwerk, das die geistige und materielle Schöpfung, das Diesseits wie das

Jenseits umfaßt und in seiner geistigen Fülle und Tiefe der Menschheit als Fundament eines neuen Zeitalters dienen wird.

Dieser positiven Arbeit auf geistiger Ebene sollte jedoch 1937 eine negative Kraft entgegentreten.

Landbeck hatte das als Hege- und Verbreitungsstätte der neuen Offenbarungsschriften von ihm gegründete Unternehmen zuerst „Neutheosophischer Verlag" genannt. Vom Jahre 1907 an hatte er dann den Namen „Neu-Salems-Verlag" eingeführt im Hinblick darauf, daß der Herr selbst die in der Neubotschaft rein und vollkommen enthüllte Lehre wiederholt als das „Neue Jerusalem" bezeichnet.

Im Jahre 1937 nun, unter den Repressalien des Dritten Reiches*), sah sich Otto Zluhan gezwungen, eine weitere Umbenennung in „Lorber-Verlag" vorzunehmen. Durch diesen mutigen Schritt konnte Otto Zluhan das auch dem Verlag drohende Verbot durch die Gestapo noch einige Jahre abwenden und die Offenbarungsschriften, die in Deutschland nicht mehr verbreitet werden konnten, wenigstens noch ins Ausland liefern. 1941 erfolgte dann aber das endgültige „Aus" für den Verlag. Die Verlagsräume wurden von der Gestapo versiegelt, das ganze Adressenmaterial beschlagnahmt. Die Freunde zerstreuten sich, Otto Zluhan wurde verhaftet und in das überfüllte Stuttgarter Gefängnis gebracht. Von dort aus kam er ins KZ Welzheim. Seine Familie ließ man in völliger Unkenntnis über seine Inhaftierung im Konzentrationslager. Als man endlich von seiner Gefangenschaft erfuhr, war es ein ganz kleiner Kreis der Allergetreuesten, die oft unter Gefahr der eigenen Verhaftung sich für ihn einsetzten, so daß er nach einigen Monaten aus dem KZ entlassen wurde.

Für den Verlag begann nun eine lange Zeit des Schweigens und nach dem Kriegsende ein harter Wiederaufbau. Für den Verleger und seine Familie bedeutete es entbehrungsreiche Jahre.

Otto Zluhan schrieb über diesen bitteren Lebensabschnitt: „In Notzeiten darf man aber erleben, wie unser himmlischer Vater die Seinen auf oft seltsamen Wegen zu führen und zu schützen vermag, so daß einem die Erfahrungen schwerer Zeiten Kraft und Zuversicht

*) Am 10. Mai 1937 verbot der Reichsführer der SS und Chef der deutschen Polizei, Heinrich Himmler, die 1924 von den Verlagsangehörigen gegründete Neu-Salems-Gesellschaft sowie die Monatszeitschrift „Das Wort", die damals in ihrem 17. Jahrgang stand, und beschlagnahmte alle Vermögenswerte der Gesellschaft.

geben und man sie später nicht missen möchte ... Wie wunderbar war doch die göttliche Führung: das Böse mußte dem Guten dienen; denn die allmächtigen sieben Siegel der Gestapo beschützten die Verlagsräume vor der Beschlagnahmung durch andere Ministerien, so daß unser Schrifttum nicht, wie jenes anderer verbotener Verlage, eingestampft wurde."

Zwei Jahre nach Kriegsende erhielt Otto Zluhan die Erlaubnis der amerikanischen Militärregierung zur Wiederaufnahme seiner verlegerischen Tätigkeit. Seither konnte der Lorber-Verlag in Bietigheim wieder das gesamte Neuoffenbarungswerk einschließlich der Zeitschrift „Das Wort" herausgeben und der Verbreitung dieses göttlichen Gnadengeschenks in aller Welt dienen. Denn auch im Ausland – in den USA, in den Niederlanden, in Frankreich, Italien, Spanien, in Australien, Brasilien, in Rußland, der Tschechei, Ungarn, Slowenien u. a. Ländern – erscheinen seit einigen Jahren Lorberwerke in Übersetzungen, die von dem vom Lorber-Verlag gegründeten Jakob-Lorber-Förderungswerk e. V. gefördert und finanziell unterstützt werden.

Die Hauptwerke Jakob Lorbers

Wie wir aus dem Leitnerschen Lebensbild entnehmen, begann die geistige Schreibtätigkeit Jakob Lorbers am 15. März 1840 mit dem Werke

Die Haushaltung Gottes

Nach einigen einleitenden Kapiteln behandelt dieses grundlegende dreibändige Werk die Hauptfragen alles religiösen Denkens: das Wesen Gottes, die Urschöpfung der Geisterwelt, die Entstehung der materiellen Weltenschöpfung, die Erschaffung des Menschengeschlechts und die Urgeschichte der Menschheit bis zu der vorderasiatischen Erdkatastrophe, der Sündflut. — Die Darstellungsform ist schon in dieser, wie in fast allen Lorberschriften, nicht die gelehrtenhafter Abhandlung, vielmehr werden uns die tiefsten Lehren über alle Fragen des Diesseits und Jenseits in Form von fesselnden, lebendigen Lebensschilderungen geboten. In unvergleichlich eindringlicher Weise wird uns so das Wesen Gottes und seiner geistigen und stofflichen Schöpfung vor die Seele geführt und in der Geschichte der Urmenschheit uns der Spiegel unseres eigenmenschlichen Wesens vorgehalten und zugleich der Weg gezeigt, auf welchem wir aus menschlicher Unvollkommenheit zu seliger Vollendung gelangen können.

Die Jugendgeschichte Jesu

Dieses Werk ist eine ausführliche Neuoffenbarung des im ersten und zweiten Jahrhundert nach Christus im Umlauf gewesenen, von Jakobus, dem Bruder des Herrn, über Jesu Kindheit verfaßten sogenannten Jakobusevangeliums. Dieses Evangelium wurde bei der im 4. Jahrhundert nach Christus erfolgten Feststellung der kirchengebräuchlichen Schriften durch die Patriarchen von Alexandria und Rom aus heute unbekannten Gründen als „apokryph“, d. h. unsicheren Ursprungs, bezeichnet und nicht in die Zahl der heiligen Schriften aufgenommen — eine Beurteilung, die ja viele Jahrhunderte lang auch der Offenbarung Johannis, dem Jakobusbriefe und verschiedenen anderen Teilen der Bibel widerfahren ist. Am 22. Juli 1843 empfing Jakob Lorber, dem vom Bestehen und Inhalt dieses Evangeliums nichts bekannt war, die innere Mitteilung, daß ihm die verschollene Schrift des Jakobus „von der Zeit an, da Joseph Maria zu sich nahm" wiedergegeben werden solle. Es hieß, Jakobus, ein Sohn Josephs, habe solches alles aufgezeichnet. Es sei aber mit der Zeit so entstellt worden, daß es nicht als echt in die Bibel aufgenommen werden konnte. In 299 Kapiteln schildert das Werk in schlichter, würdiger Sprache und reizvoller, bildhafter Darstellung die Geburt und Kindheit Jesu so herzerquickend und lichtvoll, daß kein unvoreingenommener Leser die göttliche Wahrheit verkennen kann. Die Rätsel um die Person Jesu werden aufgeklärt, und zugleich bietet das Werk eine lebendige Schilderung der damaligen Zeiten und Verhältnisse. Ergreifend ist das geistige Wirken des wunderbaren Kindleins inmitten vieler Menschen aus allen Ständen und Völkern. — Mit den in der Berlenburger Bibel überlieferten Bruchstücken des Jakobusevangeliums steht die Lorbersche Wiedergabe weitgehend im Einklang.

Das große Evangelium Johannes

Es wird, weil es den Liebegeist des Johannes atmet und vielleicht auch von diesem hohen Engelsfürsten als geistigem Mittler inspiriert ist, auch kurz „Johanneswerk" genannt. Dieses gewaltige Werk, das eine Zusammenfassung und Krönung der Neuoffenbarung darstellt, darf nächst der Bibel wohl als die bedeutendste Erkenntnisquelle im ganzen Schrifttum der Welt bezeichnet werden. Wir empfangen darin, gemäß der Verheißung des Johannes in Kap. 14, 26 des biblischen Evangeliums, eine eingehende und tiefgründige Schilderung alles dessen, was Jesus in den drei Jahre seines irdischen Lehramtes gesprochen und getan hat. Es unterliegt gewiß keinem Zweifel, daß die in Jesus menschgewordene Gottheit als Lehrer und Erwecker der vielen Tausende, die sich aus allen Völkern und Ständen lichtsuchend um Ihn drängten, bedeutend mehr gelehrt und getan hat als in den Evangelien der Bibel der Nachwelt überliefert worden ist. Ausdrücklich wird dieses im biblischen Evangelium Johannes ausgesprochen in Kap. 21, 25, wo es heißt: Es sind noch viele andere Dinge, die Jesus (gesagt und) getan hat. Wenn diese alle sollten eins nach dem andern aufgeschrieben werden, so würde die Welt die Bücher, die dann zu schreiben wären, nicht begreifen. — Von dem, was Jesus seinem gereiften engeren Jüngerkreis über Gott, Schöpfung und Heilsweg offenbarte, konnte wegen mangelnder Fassungskraft der noch unreifen Um- und Nachwelt nur ein begreifbar, lebenswichtiger Teil gegeben werden, bestehend in einer vereinfachten Glaubens- und Lebenslehre. Nach zwei Jahrtausenden erst entsprach es dem Erziehungsplan der Gottheit, gemäß der Verheißung in Johannes 14, 26, der heutigen und zukünftigen Menschheit in einer allgemein zugänglichen Offenbarung durch Jakob Lorber alles das von Jesus dem engeren Jüngerkreis Geoffenbarte aufs neue, und zwar in der tiefsten und umfassendsten Weise, zu enthüllen. Das hierfür bestehende Bedürfnis muß ja doch jeder denkende Mensch empfinden, der erkennt, wie die Menschheit, trotz der großen Verbreitung der alten biblischen Schriften in unserer Zeit, durch die Wirrnis der Glaubensanschauungen in den tiefsten Unglauben und das größte Elend des Materialismus versunken ist, aus dem es offenbar ohne Gottes klärendes Eingreifen keine Rettung geben kann.

Im großen Evangelium Johannes werden alle Grundfragen des Lebens von dem sich offenbarenden Geiste Gottes selbst erhellt.

Die Wahrheit, die in den Schriften der Bibel gleichsam im Samenkorn gegeben ist, ist im Lorber'schen Evangelium wie ein Baum mit seiner Krone zu weitausgebreitetem, blühendem Leben entfaltet. Mit gewaltigem, durchgreifendem Nachdruck wird der Glaube, „der durch die Liebe tätig wird“ (Paulus Gal. 5, 6), als der einzige, in Christo gültige, wahre Heilsweg enthüllt. Diese „Liebelehre“ wird begründet und erläutert durch eine höchst lichtvolle, einheitliche und folgerichtige Gottes- und Schöpfungslehre, in welcher wir das Doppelgebot der Gottes- und Bruderliebe als das Grundgesetz alles Lebens im Schöpfungsreich Gottes erkennen. In eingehenden Darlegungen wird sodann das Liebegesetz begründet als richtunggebende Norm in allen Verhältnissen des irdischen Lebens (Ehe, Kindererziehung, Glaubenspflege, Gesundheitspflege, Berufs- und Staatsleben). Und schließlich erhellt uns die im großen Evangelium Johannes gebotene Jenseitslehre die Weiterentwicklung nach dem Tode unter dem gleichen Gesichtspunkt der Vollendung in der reinen, göttlichen Liebe. Diesen ewigen Ur-Inhalt aller Religion sehen wir in Lehre und Beispiel verkörpert in Jesus Christus, dem Gekreuzigten, der sich uns besonders auch in diesem Hauptwerke der Neuoffenbarung enthüllt als der allliebende, allweise und allmächtige Schöpfer der Unendlichkeit, als die Fülle der Gottheit, als Vater, Sohn und Heiliger Geist, — auf diese Weise der Christenheit einen alleinigen dreieinheitlichen Gott wiedergebend.

Aus den Eingangskapiteln zur „Haushaltung Gottes"

Einladung und Mahnung

So sprach der Herr zu und in mir (Jakob Lorber) für jedermann, und das ist wahr, getreu und gewiß:

Wer mit Mir reden will, der komme zu Mir und Ich werde ihm die Antwort in sein Herz legen; jedoch die Reinen nur, deren Herz voll Demut ist, sollen den Ton Meiner Stimme vernehmen. Und wer Mich aller Welt vorzieht, Mich liebt wie eine zarte Braut ihren Bräutigam, mit dem will Ich Arm in Arm wandeln. Er wird Mich allezeit schauen wie ein Bruder den andern Bruder, und wie Ich ihn schaute schon von Ewigkeit her, ehe er noch war.

Den Kranken aber sage: sie sollen sich in ihrer Krankheit nicht betrüben, sondern sollen sich ernstlich an Mich wenden und sollen Mir ja ganz trauen. Ich werde sie trösten, und ein Strom des köstlichen Balsams wird sich in ihr Herz ergießen, und des ewigen Lebens Quelle wird unversiegbar in ihnen offenbar werden; sie werden genesen und werden erquickt werden wie das Gras nach einem Gewitterregen.

Die Mich suchen, denen sage: Ich bin der wahre Überall und Nirgends. Überall bin Ich, wo man Mich liebt und Meine Gebote hält, — nirgends aber, wo man Mich nur anbetet und verehrt. Ist denn die Liebe nicht mehr denn das Gebet, und die Haltung der Gebote nicht mehr denn die Verehrung?! Wahrlich, wahrlich sage

Ich dir: Wer Mich liebt, der betet Mich im Geiste an, und wer Meine Gebote hält, der ist's, der Mich in der Wahrheit verehrt! Meine Gebote aber kann niemand halten als nur derjenige, der Mich liebt; der Mich aber liebt hat kein Gebot mehr als dieses, daß er Mich liebt und Mein lebendiges Wort, welches das wahre, ewige Leben ist.

*

So jemand die Werke der wahren Buße gewirkt hat, der komme zu Mir, damit Ich ihn aufnehme wie einen verlorenen Sohn und ihn behalte in Meiner Kraft. Denn der Knecht kann raten, Ich aber kann es tun; der Diener kann belehren, allein die Erlösung ist nur Mein Werk; der Knecht kann beten, aber nur Ich kann segnen. Mein Diener muß richten gerecht; aber das Recht der Gnade hat nur der Herr. Daher sollen sie über den Dienern und Knechten des Herrn nicht vergessen! ...

Wer Mich nicht kennt, wie Ich bin, und wer Ich bin, dem wäre es besser, daß er von Mir gar nichts wüßte, — denn dann könnte Ich ihn noch lebendig machen dort im Reiche der Geister; so aber machen sie sich Meiner Hilfe unfähig, denn sie töten dadurch das Leben in sich, daß sie Mich in sich zerstören und somit auch töten, und sind die vom Weinstocke getrennten Reben.

Dieses aber sage Ich jetzt: daß Ich bin der alleinige, ewige Gott in Meiner dreieinigen Natur als Vater Meinem Göttlichen nach, als Sohn Meinem vollkommen Menschlichen nach und als Geist allem Leben, Wirken und Erkennen nach. Ich bin von Ewigkeit die Liebe und die Weisheit selbst. Nie habe Ich von jemandem etwas empfangen. Alles, was da ist, ist von Mir, und wer etwas hat, der hat es von Mir. Wie bin Ich denn ein Tyrann und ein Verdammungsurteilsprecher?! — O ihr Toren! Ich liebe euch; ihr verachtet Mich; Ich bin euer Vater, ihr machet Mich zum Scharfrichter. Wo Ich segne, da fluchet ihr; wo Ich baue, da zerstöret ihr; was Ich aufrichte, das beuget ihr nieder; wo Ich säe, da leitet ihr erstickende Fluten darüber; Ihr seid in allem wider Mich. Wäre Ich, wie ihr saget, daß Ich sei, — wahrlich, sage Ich euch, die Erde bestände schon lange nicht mehr, ja sie wäre sogar nie erschaffen worden! Weil Ich aber bin, wie Ich bin, so besteht noch alles, wie es war und wie es sein wird ewig; und auch ihr werdet sein, wie ihr sein wollet, ohne Mein Verdammungsurteil, — denn ihr werdet sein, wozu ihr euch selbst werdet gemacht haben. Die aber Mich nehmen, wie Ich bin, und Mich lieben, wie Ich sie liebe, aus denen werde Ich machen, was sie wollen, damit ihre Freiheit und Freude vollkommen sei ewiglich.

Wisset: Wie die Arbeit, so der Lohn! Liebe ist nicht ums Geld, sondern nur wieder um Liebe zu haben. Ich bin die Liebe selbst und bin durchgehends um keinen andern Preis als nur wieder um Liebe zu haben. Durch die Liebe habe Ich euch alle erkauft; daher fordere Ich von euch allen wieder Liebe. Wer Mir daher dienen will, der diene Mir in der Liebe, in der Ich für ihn am Kreuze gestorben bin und wer zu Mir kommen will, der komme in der Liebe zu Mir, die am Kreuze für ihn blutete.

*

Ich bin ein guter Wirt; auch nicht eine Brosame geht verloren. Wer sein Kapital bei Mir anlegt, dem wird es hohe Zinsen bringen, und es wird in Meinem Herzen bleiben und die Zinsen werden wachsen in alle Ewigkeiten der Ewigkeiten. Wer hat je die Sonnen gezählt, deren Zahl kein Ende hat, und die Erden alle, die Ich um sie zu Tausenden bei jeder einzelnen geschaffen habe?! Und Ich sage dir, der Ich wahrhaftig und getreu bin in jeglichem Meiner Worte: Um einen Pfennig gebe Ich eine Erde und um einen Trunk frischen Wassers eine Sonne. Wahrlich, Ich sage dir: Der geringste Dienst der Nächstenliebe wird auf das ungeheuerste, unaussprechlichste belohnt werden!

Du fragst Mich, ob wohl überall auch Menschen seien, wie hier auf der Erde, die du bewohnst, und Ich sage dir: Ja, es gibt überall Menschen, die aus Meinen Eingeweiden hervorgehen und Mich erkennen nach der Art der Eingeweide; und die aus Meinen Händen hervorgehen und Mich erkennen an Meinen Händen; und die aus Meinen Füßen hervorgehen und Mich erkennen nach Meinen Füßen; und die aus Meinem Kopfe hervorgehen und Mich erkennen nach Meinem Kopfe; und die aus Meinen Haaren hervorgehen und Mich erkennen nach Meinen Haaren; und die aus Meinen Lenden hervorgehen und Mich erkennen nach Meinen Lenden ... Ihr Leben und ihre Seligkeit entspricht dem Teile, aus dem sie hervorgegangen, und sie sind alle Meine Geschöpfe, die

Mir lieb sind; denn Ich bin ganz Liebe und bin überall die Liebe selbst.

Aber die Menschen dieser Erde rief Ich aus dem Zentrum Meines Herzens hervor und schuf sie vollkommen nach Meinem Ebenbilde, und sie sollten nicht nur Meine Geschöpfe, sondern Meine lieben Kinder sein, die Mich nicht als Gott und Schöpfer, sondern nur als ihren guten Vater erkennen sollen, der sie nach kurzer Prüfungszeit wieder ganz zu sich nehmen will, damit sie da alles haben sollen, was Er selber hat, und bei Ihm wohnen möchten ewiglich und mit Ihm herrschen und richten möchten das All. Aber siehe, alle Meine Geschöpfe lieben Mich als ihren Schöpfer in dankbarer Freude Ihres Daseins; aber Meine Kinder wollen ihren Vater nicht und verschmähen seine Liebe!

Ich bin traurig, wenn Ich sehe, wie stündlich Tausende und tausendmal Tausende dahinwelken und sterben. Wenn Ich ihnen doch helfen könnte! Ist es nicht traurig, wenn der Allmächtige nicht helfen kann?!

Du fragst, wie das möglich sei. Siehe, alle Meine Geschöpfe hängen an Meiner Macht, aber Meine Kinder hängen an Meiner Liebe! — Meine Macht gebietet, und es geschieht; aber Meine Liebe wünscht nur und gebietet in aller Sanftmut den freien Kindern, und die freien Kinder verstopfen ihre Ohren und wollen nicht das Angesicht ihres Vaters schauen. Daher, weil sie frei sind wie Ich es bin kann Ich ihnen nicht helfen, wenn sie es nicht wollen. Denn Meine Macht geht über alles; aber Mein Wille ist Meinen Kindern untertan! Dieses aber soll sich jeder hinter die Ohren schreiben: Ich bin euer Vater, bin aber auch euer Gott, und außer Mir ist keiner mehr. Wollet ihr Mich als Vater — oder als Gott? Eure Taten werden Mir die entscheidende Antwort geben.

So merket es denn: Die Liebe wohnt nur im Vater und heißt der Sohn. Wer diese verschmäht, der wird der mächtigen Gottheit anheimfallen und wird seiner Freiheit auf ewig beraubt werden, und der Tod wird sein Anteil sein; denn die Gottheit wohnt auch in der Hölle, aber der Vater wohnt nur im Himmel. Gott richtet alles nach seiner Macht; aber die Gnade und das ewige Leben ist nur im Vater und heißt der Sohn. Die Gottheit tötet alles; aber der Sohn oder die Liebe in Mir hat Leben, gibt Leben und macht lebendig.

Deinen Freunden und Brüdern sage in aller Liebe: Ich habe ihre Sünden von Meinen Augen hinweggetan und habe sie gewaschen so weiß wie der Schnee; es ist nun kein Hindernis mehr. Mit welcher Freude will Ich fernerhin sorgen für sie! Was sind alle Freuden und Seligkeiten Meiner Himmel für Mich, den Vater, gegen die, von Meinen lieben Kindern als einziger, wahrer Vater geliebt zu sein!

Siehe, alle Seligkeiten gebe Ich euch für diese einzige, die Ich nur für Mich bestimmt habe, und darum sollen Meine Kinder auch niemanden als Mich ganz allein ihren Vater nennen; denn Ich bin es auch und bin es mit allem Rechte und niemand kann Mir das Recht nehmen, da Ich der Einzige, Alleinige bin und außer Mir keiner mehr ist. ...

Sage ihnen noch hinzu, daß sie sich nicht in und an der Kirche stoßen sollen; denn eine jede Speise, die Ich anempfehle, reinige Ich für den, der sie im Geiste und in der Wahrheit genießen will, und dann soll er sie genießen ohne Sorge. Was Ich Meinen Kindern gebe, das ist rein und wird durch die äußere Form nicht entheiligt für jene, für die Ich es gesegnet habe. Den Tempel werde Ich segnen, und die Stätte wird heilig sein, wo sie sich befinden werden; denn Ich, ihr heiliger Vater, werde da sein mitten unter ihnen, wo sie hingehen werden, und kein Haar soll an ihnen gekrümmt werden.

Sage allen, die Mich suchen, daß Ich stets zu Hause bin, niemals ausgehe, und daß Ich nicht nur gewisse Stunden oder Zeiten bestimmt habe, in welchen man zu Mir kommen kann wie zu den Königen der Erde und allen Großen der Welt. Also nicht nur am Sabbate oder Feiertage, sondern zu jeder Minute ist Mir ein liebendes Herz angenehm, und in der Nacht selbst habe Ich noch nie vor jemandem die Türe verriegelt; wann immer ihr also klopfen werdet, will Ich „Herein!“ sagen.

Die wahre Kirche

So sprach der Herr zu mir und in mir für jedermann, und das ist wahr, gewiß und getreu:

Meine Gnade ist ein reicher Schatz; wem sie zuteil wird, der wird keinen Mangel haben an allem jemals, zeitlich und ewig. Daher soll sich jeder bemühen, sich diese ja sogleich zu eigen zu machen; denn Ich gebe sie jedem, der sie nur immer haben will.

Denn siehe, wollet ihr Vergebung eurer Sünden, so werden sie euch vergeben so ihr Buße wirket durch Jesum, welcher ist Mein lebendiges Wort und die Liebe in Mir, und die Pforten des Himmels stehen euch offen, und so ihr hinein wollet, könnet ihr hinein und da schauen das Angesicht eures heiligen Vaters, der Ich es bin, der ewige Gott Jehova.

Das könnet Ihr tun vermöge des lebendigen Wortes, welches ist Jesus Christus oder die ewige Liebe und Weisheit in Mir, woraus alles Gute und Wahre fließt. Die Liebe ist Euch gegeben von Anbeginn; denn sie ist das eigenste Leben in euch, so wie die Macht in Meinen Geschöpfen, die zwar auch aus Meiner Liebe hervorgeht, aber doch nicht die Liebe selber ist, da in ihr keine Freiheit ist, sondern nur die Wirkung der Liebe, welche aber an und für sich ist ohne Leben, — daher auch alles, was hervorgeht aus der Macht, an und für sich ist tote Materie, deren Leben nur scheinbar ist, — in der Wirklichkeit aber ist es der Tod.

Daher, so jemand seine Liebe an die materielle Welt heftet, so wird seine Liebe an sich durch die Macht des Todes erdrückt, und die Folge ist dann das Los der Materie oder der Tod.

Wer aber seine Liebe zu Mir richtet und an Mich heftet, der verbindet seine Liebe wieder mit der Liebe oder mit dem Leben alles Lebens; der wird dann lebendig durch und durch.

Nun aber siehe! Die Liebe an und für sich ist blind und finster und eben dadurch frei und unabhängig, — aber auch eben dadurch in großer Gefahr, sich zu verlieren und zugrunde zu gehen. Darum gebe Ich aller Liebe zu Mir nach dem Grade ihrer Größe auch alsogleich den gerechten Anteil des Lichtes hinzu, und das ist ein Geschenk und heißt die Gnade; mit dieser fließe Ich bei jedem Menschen ein nach dem Grade seiner Liebe. Daher, so jemand die Liebe hat, da er Mein Gesetz in sich lebendig macht, welches die höchste Liebe ist, über den werden Ströme des Lichtes ausgegossen werden, und sein Auge wird durchdringen die Erde und wird schauen die Tiefen der Himmel.

Sage es den Kindern, und sage es allen, sie mögen sein welcher Religion sie wollen — ob Römische, ob Protestanten, ob Juden, ob Türken, ob Brahmi, ob finstere Heiden —, kurz für alle soll es gesagt sein: Auf der Erde gibt es nur eine wahre Kirche, und diese ist die Liebe zu Mir in Meinem Sohne, welche aber ist der heilige Geist in euch und gibt sich euch kund durch Mein lebendiges Wort, und dieses Wort ist der Sohn, und der Sohn ist Meine Liebe und ist in Mir und Ich durchdringe Ihn ganz, und Wir sind eins, und so bin Ich in euch; und eure Seele, deren Herz Meine Wohnstätte ist, ist die alleinige wahre Kirche auf der Erde. In ihr allein ist ewiges Leben, und sie ist die alleinseligmachende.

Denn siehe, Ich bin der Herr über alles, was da ist! Ich bin Gott, der ewige und mächtige, und als solcher bin Ich auch euer Vater, der heilige und liebevollste. Und dieses alles bin Ich im Worte; das Wort aber ist im Sohne, und der Sohn ist in der Liebe, und die Liebe ist im Gesetze, und das Gesetz ist euch gegeben. So ihr es beachtet und danach tut, so habt ihr es in euch aufgenommen; dann wird es in euch lebendig und erhebt euch selbst und macht euch frei, und ihr seid dann nicht mehr unter dem Gesetze, sondern über demselben in der Gnade und im Lichte, welches alles Meine Weisheit ist. Und das ist die Seligkeit oder das Reich Gottes in euch oder die alleinseligmachende Kirche auf der Erde, und in keiner andern ist das ewige Leben als nur einzig in dieser.

Oder meinet ihr denn, Ich wohne in den Mauern, oder in der Zeremonie, oder im Gebete, oder in der Verehrung? O nein, ihr irret euch sehr, denn da bin Ich nirgends, — sondern nur, wo die Liebe ist, da bin Ich auch; denn Ich bin die Liebe oder das Leben selbst. Ich gebe euch Liebe und Leben und verbinde Mich nur mit Liebe und Leben, aber niemals mit der Materie oder mit dem Tode. Denn darum habe Ich den Tod überwunden und die Gottheit Mir untertan gemacht, damit Ich alle Gewalt habe über alles, was da ist, und Meine Liebe herrsche ewiglich und mache lebendig alles, was ihr untertan ist.

Und wie meinet Ihr denn, daß Ich eurer im Tode harre, während Ich doch das Leben selbst bin?! Daher gehet zuvor in die wahre Kirche, da Leben innen ist, — dann erst in die tote, damit sie lebendig wird durch euch!